DESINFORMAÇÃO E DEMOCRACIA
Um panorama jurídico eleitoral

LUIZA CESAR PORTELLA

Prefácio
Diogo Rais

DESINFORMAÇÃO E DEMOCRACIA
Um panorama jurídico eleitoral

Belo Horizonte

2022

© 2022 Editora Fórum Ltda.

É proibida a reprodução total ou parcial desta obra, por qualquer meio eletrônico, inclusive por processos xerográficos, sem autorização expressa do Editor.

Conselho Editorial

Adilson Abreu Dallari
Alécia Paolucci Nogueira Bicalho
Alexandre Coutinho Pagliarini
André Ramos Tavares
Carlos Ayres Britto
Carlos Mário da Silva Velloso
Cármen Lúcia Antunes Rocha
Cesar Augusto Guimarães Pereira
Clovis Beznos
Cristiana Fortini
Dinorá Adelaide Musetti Grotti
Diogo de Figueiredo Moreira Neto (*in memoriam*)
Egon Bockmann Moreira
Emerson Gabardo
Fabrício Motta
Fernando Rossi
Flávio Henrique Unes Pereira

Floriano de Azevedo Marques Neto
Gustavo Justino de Oliveira
Inês Virgínia Prado Soares
Jorge Ulisses Jacoby Fernandes
Juarez Freitas
Luciano Ferraz
Lúcio Delfino
Marcia Carla Pereira Ribeiro
Márcio Cammarosano
Marcos Ehrhardt Jr.
Maria Sylvia Zanella Di Pietro
Ney José de Freitas
Oswaldo Othon de Pontes Saraiva Filho
Paulo Modesto
Romeu Felipe Bacellar Filho
Sérgio Guerra
Walber de Moura Agra

FÓRUM
CONHECIMENTO JURÍDICO

Luís Cláudio Rodrigues Ferreira
Presidente e Editor

Coordenação editorial: Leonardo Eustáquio Siqueira Araújo
Aline Sobreira de Oliveira

Rua Paulo Ribeiro Bastos, 211 – Jardim Atlântico – CEP 31710-430
Belo Horizonte – Minas Gerais – Tel.: (31) 2121.4900
www.editoraforum.com.br – editoraforum@editoraforum.com.br

Técnica. Empenho. Zelo. Esses foram alguns dos cuidados aplicados na edição desta obra. No entanto, podem ocorrer erros de impressão, digitação ou mesmo restar alguma dúvida conceitual. Caso se constate algo assim, solicitamos a gentileza de nos comunicar através do *e-mail* editorial@editoraforum.com.br para que possamos esclarecer, no que couber. A sua contribuição é muito importante para mantermos a excelência editorial. A Editora Fórum agradece a sua contribuição.

Dados Internacionais de Catalogação na Publicação (CIP) de acordo com ISBD

P843d	Portella, Luiza Cesar Desinformação e democracia: um panorama jurídico eleitoral / Luiza Cesar Portella. - Belo Horizonte : Fórum, 2022. 145 p. ; 14,5cm x 21,5cm. Inclui bibliografia e apêndice. ISBN: 978-65-5518-405-1 1. Direito Eleitoral. 2. Direito Constitucional. 3. Desinformação. 4. Fake News. 5. Eleição. 6. Democracia. 7. Internet. 8. Campanha eleitoral. I. Título.
2022-1567	CDD: 341.28 CDU: 342.8

Elaborado por Odilio Hilario Moreira Junior – CRB-8/9949

Informação bibliográfica deste livro, conforme a NBR 6023:2018 da Associação Brasileira de Normas Técnicas (ABNT):

PORTELLA, Luiza Cesar. *Desinformação e democracia*: um panorama jurídico eleitoral. Belo Horizonte: Fórum, 2022. 145 p. ISBN 978-65-5518-405-1.

Mais uma vez a ele, meu vô Júlio.

AGRADECIMENTOS

Este livro é fruto da pesquisa durante o mestrado em Direito na Universidade Federal do Paraná. Desde então, por receio de a memória falhar e esquecer de mencionar alguém, quase desisti de registrar, nesta obra, os agradecimentos. Contudo, alguns nomes não podem ficar de fora, então decidi correr o risco.

Começo agradecendo à minha orientadora, mulher incrível, combativa, dedicada, humana, Eneida Desiree Salgado, cuja inteligência, afeto, compreensão, acolhimento, senso de integração já haviam me conquistado há tempo, e fizeram com que o mestrado em tempos pandêmicos fosse proveitoso e engrandecedor.

Agradeço também à professora Raquel Machado, que muito incentivou a publicação desta obra, e ao professor Diogo Rais, que com enorme generosidade me honrou com o prefácio deste meu primeiro livro.

Aos amigos Leonardo Bruno Pereira de Moraes, Eduardo de Carvalho Rêgo e Thiago Priess Valiati, que desde antes do ingresso no programa me incentivaram e me ajudaram no processo de seleção que tornou este livro possível.

Ao Luiz Eduardo Peccinin, que me abriu as portas para a publicação.

Às amigas Sabrina Neron Balthazar e Roberta Zumblick, que, além de compreenderem minhas angústias e minhas frustrações e sempre me apoiarem nos momentos mais difíceis, auxiliaram-me no trajeto da pesquisa acadêmica e da confecção desta obra.

À minha família, em especial à minha mãe, ao meu pai, ao meu mano, à minha cunhada e à minha afilhada maravilhosa, que nunca titubearam, e cujo amor e orgulho me deram força nos momentos mais difíceis. À Tia Julia e ao Tio Roberto, que me acolheram para que eu pudesse ir a Curitiba.

Por fim, ao Leonardo, meu companheiro de vida, que me deu suporte, auxílio, carinho, força durante – mas não somente – o processo de escrita, sem o qual este livro não teria sido escrito.

Muito obrigada!

SUMÁRIO

PREFÁCIO
Diogo Rais 11

CAPÍTULO 1
INTRODUÇÃO 13

CAPÍTULO 2
LIBERDADE DE VOTO E DIREITO À INFORMAÇÃO NO CAMPO ELEITORAL 19
2.1   Liberdade de voto na Constituição de 1988 19
2.2   Direito à informação e liberdade de expressão 29

CAPÍTULO 3
COMPREENSÕES SOBRE PROPAGANDA POLÍTICA E DESINFORMAÇÃO 39
3.1   Propaganda política 39
3.2   Desinformação 56
3.3   Campanhas eleitorais e desinformação: uma análise de caso 67

CAPÍTULO 4
COMO RESOLVER? 77
4.1   Análise dos instrumentos 78
4.2   Análise das respostas judiciais 89
4.3   O que poderia ser adotado 101

CAPÍTULO 5
CONCLUSÃO 113
SOBRE A AUTORA 117

REFERÊNCIAS 119

APÊNDICES
APÊNDICE 1 - ACÓRDÃOS DA JUSTIÇA ELEITORAL EM QUE NÃO SE DISCUTIU A EXISTÊNCIA DE DESINFORMAÇÃO............................ 137
APÊNDICE 2 - ACÓRDÃOS DA JUSTIÇA ELEITORAL EM QUE NÃO RECONHECEU A EXISTÊNCIA DE DESINFORMAÇÃO....................... 139
APÊNDICE 3 - ACÓRDÃOS DA JUSTIÇA ELEITORAL EM QUE SE RECONHECEU A EXISTÊNCIA DE DESINFORMAÇÃO........................ 143

PREFÁCIO

Foi com enorme alegria que recebi o convite da autora Luiza Cesar Portella para prefaciar esta excelente obra, *Desinformação e democracia: um panorama jurídico eleitoral.*

Um dos belos frutos de sua dissertação de mestrado na Universidade Federal do Paraná, sob a orientação da sempre admirável professora Eneida Desiree Salgado, esta pesquisa parte das relevantes discussões sobre a liberdade de voto e o direito à informação, mostrando, desde o início, que a relação entre a informação e as eleições encontra dimensão humana e fundamental ainda mais elevada, qual seja, a concretização da liberdade de voto.

Já impressionado pelo sumário, quadros e figuras que compõem a obra, me dediquei à sua leitura, o que ocorreu sem qualquer esforço, já que a narrativa é extremamente interessante e fluida, assim como a organização, os exemplos práticos e a harmonia do próprio texto, que facilitam imensamente a planagem dos leitores sobre tema tão sensível e complexo como a desinformação na democracia.

O presente livro foi estruturado sobre alguns eixos, dentre eles, o da liberdade do voto e direito à informação, sem se descolar das discussões sobre o espectro da liberdade de expressão. Logo em seguida, a autora revela definitivamente sua linha prática e realista sobre o tema, partindo da propaganda política e desinformação, costurando-as por diversos casos práticos e instigantes até chegar ao seu estudo de caso, ocorrido nas eleições de 2018 em Santa Catarina.

O caso, nas palavras da autora, "envolveu um ex-governador do estado, concorrente ao cargo de Senador em 2018, e consistia em uma complexa construção que buscava incutir no eleitorado a ideia de que o candidato, quando chefe do Executivo, havia construído, com dinheiro público, uma rodovia exclusivamente para acesso à fazenda da qual é um dos proprietários, e que o emprego destes recursos resultou no desvio de investimentos em outras regiões e/ou necessidades da população".

É visível a narrativa detalhada desta experiência, que do começo ao fim da obra está presente e é capaz de conectar os leitores àquele espaço-tempo, por meio do estudo de caso.

Mas a proposta realista e prática da autora não se encerra no belo estudo de caso que escolheu para ilustrar sua obra. Com a dedicação de um capítulo para a busca de soluções sobre o desafio da desinformação, a autora o segmenta diante da análise de instrumentos, respostas judiciais e propostas efetivas para a busca de soluções para o tema.

Creio ainda que essa força pragmática da autora também se concretiza com sua generosidade em compartilhar os materiais que incorpora à obra, como decisões da Justiça Eleitoral sobre desinformação, tabelas, gráficos e figuras que nos transportam para a realidade desafiadora do panorama jurídico da desinformação e democracia.

Por esta costura impecável entre teoria e prática, temos em nossas mãos uma obra completa com profundidade científica, aliada a uma impressionante visão prática com narrativa extremamente encantadora.

Diogo Rais

Advogado e cofundador do Instituto Liberdade Digital. Colunista exclusivo na área eleitoral para o jornal *Valor Econômico* durante as eleições de 2016 e de 2020 e da *Folha de São Paulo* para as eleições de 2018. Professor de Direito Eleitoral e Direito Digital da graduação, mestrado e doutorado da Universidade Presbiteriana Mackenzie. Membro da Academia Brasileira de Direito Eleitoral e Político (ABRADEP). Coordenador dos livros *Direito Público Digital*; *Fake News: a conexão entre a desinformação e o Direito e Direito Eleitoral Digital*, todos da editora Revista dos Tribunais. Um dos especialistas convidados pela relatoria especial de liberdade de expressão da OEA para colaborar com o guia de combate à desinformação. Pesquisa o tema da tecnologia e eleições desde 2010.

CAPÍTULO 1

INTRODUÇÃO

Era uma vez um presente que levou à destruição de um povo. Já se passavam dez anos de guerra entre gregos e troianos, em que aqueles lutavam em terreno inimigo em busca da rainha Helena. Os gregos estavam cansados, com poucos recursos, em menor número de soldados, prontos para a derrota.

Certo dia, Atena, a deusa da sabedoria, soprou no ouvido do herói Ulisses uma brilhante ideia, que acabaria com o sofrimento do exército grego: oferecer aos troianos uma imensa estátua em formato de cavalo feito de madeira oca como reconhecimento da vitória do povo troiano.

O presente foi deixado do lado de fora da enorme muralha de Troia, acompanhado da aparente retirada das tropas gregas dos seus arredores. Assim que os troianos viram o cavalo, os portões da cidade se abriram e ali começou a sua derrota.

A notícia da rendição grega e do presente se espalhou, e à noite uma grande festa comemorou a conclusão dos dez anos de combate. Quando a festa acabou e a população retornou a suas casas para o descanso da paz, soldados gregos fortemente armados que se encontravam escondidos no interior da estátua atacaram Troia de dentro para fora e terminaram de fato a guerra. Esse conto milenar elucida o resultado de uma desinformação, uma aparente notícia que, não confirmada, resultou em destruição.[1]

Milhares de anos mais tarde, a desinformação ainda é presente em nosso cotidiano, mas com outras feições e diferentes formas de

---

[1] MONCRIEFF, 1997.

disseminação. Em seminário promovido pela Associação Brasileira de Rádio e Televisão em 20 de junho de 2018, o ex-presidente da República, Michel Temer, afirmou que quem dissemina desinformação tem defeito de caráter.[2]

O posicionamento de Temer, contudo, está longe de ser unânime. Diogo Rais ressalta que, "infelizmente, é muito comum o uso das primeiras vítimas como uma espécie de elo para compor uma corrente difusa das *fake news*", e conclui: "(...) assim, aquelas pessoas que de boa-fé acreditaram estar em contato com uma verdadeira notícia, passam – ainda que sem perceber – a colaborar com a disseminação e difusão dessas notícias falsas."[3] Em outro texto, ressalta que boa parte da disseminação da desinformação se dá por meio das próprias vítimas.[4]

Até meios de comunicação conhecidos e de grande circulação acabam, por vezes, divulgando desinformação de forma acidental. Foi o que aconteceu com a revista *Veja*, em 27 de abril de 1983. Algumas semanas antes, por ocasião do 1º de abril (Dia da Mentira), a revista inglesa *New Science* publicou reportagem divulgando uma nova conquista da ciência: o boimate, um produto derivado da fusão da carne bovina e do tomate.

A *Veja*, contudo, reproduziu a notícia como sendo séria e verídica. Inclusive, entrevistou um engenheiro geneticista e compôs a reportagem com diagrama ilustrativo de como a descoberta científica proporcionava a fusão das células vegetais do tomate às células animais do boi:

---

[2] CARAM; URIBE, 2018.
[3] RAIS, 2018a, p. 69-70.
[4] RAIS, 2018b.

FIGURA 1 – Diagrama explicativo sobre a criação do boimate

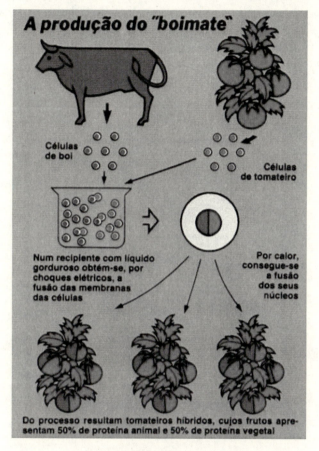

Fonte: Stroppa (2018).

A revista, então, noticiou que a "experiência dos pesquisadores alemães (...) permite sonhar com um tomateiro do qual já se colha algo parecido com um filé ao molho de tomate".[5]

A gafe apenas foi desmentida pelo jornal *O Estado de S. Paulo* em 26 de junho, que explicou tratar-se de mera brincadeira da revista *New Science*, cujo texto trazia inúmeros indícios da zombaria.[6]

---
[5] STROPPA, 2018.
[6] REVISTA..., 1983.

Esse não foi o primeiro caso de notícias aparentemente sensacionais que foram divulgadas como verdadeiras. Ainda no século XIV, o imaginário medieval foi estimulado por notícias sobre a existência de um carneiro vegetal. O relato foi difundido por John Mandeville e consistia em uma maravilhosa árvore indiana em cujas frutas se encontravam pequenos cordeiros, completos com carne e sangue:

FIGURA 2 – Representação gráfica do cordeiro vegetal

Fonte: Still (2014).

Mandeville afirmou ter comido a deliciosa fruta, e a notícia foi replicada por outros viajantes da época. Somente em 1683, a mando do rei Carlos XI da Suécia, que se fixou conclusão de que a tão maravilhosa criatura não existia.[7]

A desinformação não é assunto recente, mas se torna especialmente ameaçadora quando difundida irrestritamente por meio da internet e no contexto eleitoral. Desde as eleições estadunidenses de 2016, as chamadas *fake news* tornaram-se tema corriqueiro, chegando o termo a ser eleito como a palavra do ano de 2017 pelo dicionário *Collins*.[8]

---

[7] O'CONNOR; WEATHERALL, 2019, p. 1.
[8] COLLINS ENGLISH DICTIONARY, 2017b.

Para além das sátiras e dos memes, a desinformação pode se apresentar como ameaça. Foi o que aconteceu por volta das 15 horas de 4 de dezembro de 2016 na cidade de Washington, nos Estados Unidos. Horas antes um homem saiu de sua casa armado com um rifle semiautomático AR-15, uma pistola e uma espingarda, todos carregados, com o propósito de resolver o que acreditava se tratar de grande escândalo. Seu destino era a pizzaria Comet Ping Pong, que foi o cenário de uma complexa – e fictícia – rede internacional de pedofilia e de tráfico infantil ligada à então candidata à presidência Hillary Clinton. O caso ficou conhecido como "pizzagate".

Diferente dos demais casos, o "pizzagate" originou-se na internet a partir de uma postagem no Twitter que afirmava que *e-mails* encontrados nos servidores de Hillary Clinton a implicavam como chefe da rede de abuso infantil. A trama ocorreria nos fundos da pizzaria – por isso o nome "pizzagate". Foram milhares de compartilhamentos, novas publicações sobre o assunto, fóruns criados para desvendar o código usado pelo assessor de Hillary, John Podesta, para tratar dos crimes, e que culminaram no ataque armado, sem contar com os ataques cibernéticos sofridos pelo dono e funcionários da pizzaria.[9]

As eleições presidenciais brasileiras também não passaram imunes, o que fez com que a Justiça Eleitoral voltasse suas atenções para a prevenção e o combate à disseminação das *fake news*.[10] Exemplo disso foram os reiterados ataques às urnas eletrônicas que ensejou a declaração de Jair Bolsonaro de que não aceitaria a derrota nas eleições.[11]

Além de ameaça física, a desinformação afeta a liberdade de voto do eleitorado, na medida em que diminui o fluxo de informações políticas precisas e, portanto, a credibilidade no sistema político, além de afetar a capacidade da população de tomar decisões informadas ao votar. Daniela C. Manzi aponta que como "um sistema democrático depende de uma população informada para determinar como deve agir, as notícias falsas representam uma ameaça única à democracia".[12]

Diante desse cenário, o primeiro capítulo, no item 2.1, busca apresentar o instituto da liberdade de voto na Constituição de 1988, verificando a sua condição de direito político fundamental e elemento

---

[9] O'CONNOR; WEATHERALL, 2019, p. 147-150.
[10] VALENTE, 2018.
[11] SIQUEIRA, 2018.
[12] MANZI, 2019, p. 2623.

essencial para a manutenção da democracia. Em seguida, no item 2.2, relata o direito à informação e à liberdade de expressão como elementos indispensáveis para a garantia da liberdade de voto, contrastando com a importância do acesso a informações claras e fidedignas.

O segundo capítulo, no item 3.1, explana sobre a propaganda política e descreve suas quatro espécies: propaganda partidária, propaganda intrapartidária, propaganda eleitoral e publicidade institucional. No item 3.2, aborda-se o fenômeno da desinformação, apresentando brevemente sua origem, classificações, a busca ainda não consensual por um conceito acadêmico, a forma como se disseminam e as razões pelas quais são propagadas. O item 3.3 traz para a leitura dados acerca da disseminação de desinformação durante a campanha eleitoral de 2018 no Brasil, apresentando relato de um caso divulgado em Santa Catarina e como o uso do aplicativo de mensageria privada WhatsApp contribui para dispersão da desinformação.

Por fim, o terceiro capítulo propõe-se a verificar os instrumentos hoje disponíveis na legislação eleitoral para combater a disseminação de desinformação durante a campanha, dentre eles as ações de representação e de representação com direito de resposta, ações criminais, ação com objetivo de anular as eleições e ação de investigação judicial eleitoral. Em seguida, o item 4.2 aborda as decisões judiciais proferidas no âmbito dos Tribunais Regionais Eleitorais e do Tribunal Superior Eleitoral, e identifica a ausência de compreensão uniforme acerca do fenômeno da desinformação, o que causa grande insegurança jurídica. Ao final, o item 4.3 traz possíveis alternativas para o combate e a prevenção da desinformação nas campanhas eleitorais.

O presente livro busca investigar a interferência que a desinformação pode causar no pleito eleitoral e quais respostas podem ser adotadas. Para tanto, tem como meio a pesquisa bibliográfica e jurisprudencial, no âmbito dos Tribunais Regionais Eleitorais e do Tribunal Superior Eleitoral, acerca da (in)existência de vínculo entre a desinformação, a democracia – a partir dos institutos da liberdade de voto, do direito à informação e da liberdade de informação – e os atuais mecanismos jurídicos para o combate da desinformação.

CAPÍTULO 2

LIBERDADE DE VOTO E DIREITO À INFORMAÇÃO NO CAMPO ELEITORAL

A liberdade de voto, como elemento estruturante dos regimes democráticos, deve ser compreendida em comunhão com o direito à informação. É a partir de informações corretas e fidedignas que o eleitorado poderá formar sua vontade política sem vícios nem distorções.

O acesso a informações claras e fidedignas deve ser priorizado, mesmo em tempos de facilitação da disseminação de desinformação. Dessa forma, o presente capítulo propõe-se a abordar as temáticas tendo como plano de fundo o contexto eleitoral, a fim de expor como a democracia pode ser afetada e preservada a partir desses elementos.

No item 2.1, busca-se apresentar o instituto da liberdade de voto na Constituição de 1988, verificando a sua condição de direito político fundamental e elemento essencial para a manutenção da democracia. Em seguida, no item 2.2, abordam-se o direito à informação e a liberdade de expressão como elementos fundamentais e essenciais para a garantia da liberdade de voto, contrastando com a importância.

2.1 Liberdade de voto na Constituição de 1988

A Constituição assegura que o Brasil constitui uma democracia cuja soberania popular é exercida pelo sufrágio universal e pelo voto livre, direto, secreto e obrigatório à população brasileira alfabetizada e com idade entre 18 e 70 anos.[13] Em entrevista publicada pelo jornal *Folha de S. Paulo* em 6 de dezembro de 2020, contudo, o ministro Luís

---

[13] Vide artigo 14 da Constituição Federal (BRASIL, 1988).

Roberto Barroso, integrante do Supremo Tribunal Federal e então presidente do Tribunal Superior Eleitoral, ainda que não expressamente, defendeu a reforma da Constituição de 1988. Afirmou achar "que a gente (*sic*) começa a fazer uma transição. O modelo ideal é o voto facultativo e, em algum lugar do futuro não muito distante, ele deve ser".[14]

A nossa democracia, assim como tantas outras, adota o princípio de igualdade de voto, traduzido no bordão "uma pessoa, um voto". O seu exercício, no entanto, deve ser livre, autêntico e refletir os interesses do eleitorado, ao invés de ser manipulado por quem detém o poder.[15]

Segundo Dalton, a participação política da sociedade aprimora as decisões governamentais, na medida em que as necessidades são apresentadas e podem fundamentar o processo de tomada de decisão. Por outro lado, o silêncio de alguns grupos sociais acaba por aumentar a negligência dos governantes para com suas necessidades. O autor defende, então, que a "desigualdade na participação tem consequências nas políticas públicas".[16] Ou seja, o voto popular define quem irá atuar no cenário político e, assim, "pode influenciar quem faz as políticas públicas e o conteúdo dessas políticas".[17]

Em que pese o voto não ser elemento único para a concepção da democracia[18] e o seu fortalecimento demandar a expansão de outros meios de envolvimento popular,[19] entende-se que a efetiva liberdade de voto é peça fundamental sem a qual a democracia não sobrevive. O voto livre, contudo, é apenas uma das facetas do amplo direito e votar, integrado também por "vários outros direitos, conhecidos por direitos em sentido estrito", como o direito à liberdade de opinião, ao sigilo do voto e ao voto direto.[20]

O sufrágio integra o rol de direitos políticos fundamentais e pode ser encarado do ponto de vista passivo (direito a ser votado) e ativo (direito de votar).[21] A Constituição garante à cidadania brasileira o direito ao sufrágio universal e o seu livre exercício por meio do voto.

---

[14] TEIXEIRA; COLON, 2020.
[15] DAWOOD, 2012.
[16] Tradução livre de: "Inequality in participation has policy consequences."
[17] Tradução livre de: "can influence who makes public policies and the content of these policies" (DALTON, 2017. p. 2-3).
[18] CROUCH, 2004; SILVA, J., 2005.
[19] DALTON, 2017.
[20] SALGADO; BERTOTTI, 2018, p. 87.
[21] SALGADO; BERTOTTI, 2018.

Aquele integra o rol de direitos políticos dos cidadãos, que, por sua vez, constituem a "liberdade-participação, entendida como a prerrogativa do indivíduo de participar da vida política do Estado".[22]

Carlos Fayt, em sua obra sobre Direito Político, posiciona o sufrágio na "base da organização do poder no Estado".[23] Segundo o autor, constitui direito público subjetivo de natureza política, "ou seja, o direito de fazer parte do corpo eleitoral e, por meio dele, da organização do Poder".[24] Ao mesmo tempo, representa um ato político o que permite classificá-lo tanto como faculdade quanto como ação.[25] Nessa concepção, o voto mostra-se como o meio pelo qual a cidadania integrará o Estado.

De outro lado, de modo mais ativo, o voto – no âmbito do sufrágio político – traduz-se como cidadania ativa. Por meio dele, o eleitorado exerce diretamente o poder que lhe é conferido pela Constituição – em caso de plebiscitos e referendos – ou transfere essa legitimidade a governantes – em caso de eleições.[26]

Tendo em vista que, no "atual contexto, é possível afirmar que os dois componentes principais da democracia contemporânea são os partidos políticos e as eleições periódicas",[27] o voto mostra-se elemento importante no cenário democrático.

Nas palavras de José Afonso da Silva, o "voto é o ato político que materializa, na prática, o direito público subjetivo de sufrágio". Também é compreendido como função social da soberania popular, pelo que se justifica sua concepção como dever sócio-político no sistema federalista.[28]

Em uma concepção muito mais ambiciosa, Yasmin Dawood entende que o direito ao voto deve ser encarado como um novo direito democrático, qual seja "o direito a um processo democrático justo e legítimo".[29] Em seu conceito, o direito ao voto é classificado como um *direito estrutural*, definido "como direitos individuais que levam em consideração a estrutura institucional mais ampla dentro da qual os

---

[22] CARVALHO, 2012, p. 837.
[23] Tradução livre de: "la base de la organización del poder en el Estado."
[24] Tradução livre de: "es decir, el derecho a formar parte del cuerpo electoral y, a través de éste, en la organización del Poder."
[25] FAYT, 1998, p. 153.
[26] FAYT, 2005; CARVALHO, 2012.
[27] SALGADO; BERTOTTI, 2018, p. 86.
[28] SILVA, J., 2005, p. 357.
[29] Tradução livre de: "the right to a fair and legitimate democratic process."

direitos são definidos, mantidos e exercidos".[30] Ou seja, não se limita às instituições governamentais, mas às ações de todos os indivíduos que exercem aquele mesmo direito.[31]

O voto, então, é compreendido não como um ato individual mas como um direito que afeta toda a estrutura social, e portanto merece proteção.

Na Constituição brasileira de 1988, o voto é obrigatório, como impõe o artigo 14,[32] o que, contudo, não afeta a liberdade do voto. Isso porque a obrigatoriedade imposta é a de que o eleitorado vá até as seções eleitorais e registre seu voto – ou justifique sua ausência.[33] O registro, no entanto, pode ser do voto válido (em uma candidatura ou, nas eleições proporcionais, na legenda partidária), do voto nulo ou do voto em branco.

Isso quer dizer que, apesar da obrigatoriedade de votar ou de justificar sua ausência, o eleitorado tem liberdade para escolher como votará, para escolher a partir das suas concepções a opção que lhe parece mais correta, ou seja, a liberdade de voto perpassa pela liberdade de formação do voto.[34]

Essa escolha, porém, tende a ser influenciada por quem está no poder. Yasmin Dawood reconhece que atores políticos, quando produzem as leis eleitorais, fazem-no visando à sua permanência no poder e à preservação de seus interesses político-partidários. De acordo com a autora, essa condição afeta o processo democrático ao reduzir sua *accountability*, ao colocar em risco a igualdade eleitoral e, assim, desequilibrá-lo como um todo.[35]

Ou seja, diante dessa compreensão, o interesse central é manter-se no poder e, para isso, moldar as normas para benefício próprio e evitar questionamentos e debates sobre as políticas em execução. Essa

---

[30] Tradução livre de: "as individual rights that take into account the broader institutional framework within which rights are defined, held, and exercised."
[31] DAWOOD, 2012, p. 500.
[32] "Art. 14. A soberania popular será exercida pelo sufrágio universal e pelo voto direto e secreto, com valor igual para todos, e, nos termos da lei, mediante: (...) §1º O alistamento eleitoral e o voto são: I - obrigatórios para os maiores de dezoito anos; II - facultativos para: a) os analfabetos; b) os maiores de setenta anos; c) os maiores de dezesseis e menores de dezoito anos (BRASIL, 1988).
[33] SILVA, J., 2005.
[34] CARVALHO, 2012.
[35] DAWOOD, 2012.

condição é intensificada pelo instituto da reeleição, que afeta diretamente a igualdade entre as candidaturas.[36]

Por outro lado, ao analisarmos a efetivação do voto, Dalton[37] e Issacharoff[38] apontam a crescente redução da participação popular nas eleições. No mesmo sentido, Norris[39] assinala que a desilusão pública com as instituições e os meios tradicionais de participação política é uma preocupação comum a diversas democracias pelo mundo.

No Brasil, a realidade não é diferente. A abstenção vem numa crescente, conforme dados divulgados pelo Tribunal Superior Eleitoral:

QUADRO 1
Evolução de abstenção nas últimas 6 eleições brasileiras em primeiro turno

Eleição	Eleitorado apto	Abstenção	% de abstenção
Presidencial - 2010	135.804.433	24.610.296	18,12%
Municipal - 2012	138.544.348	22.736.804	16,41%
Presidencial - 2014	142.822.046	27.697.332	19,39%
Municipal - 2016	144.088.912	25.333.403	17,58%
Presidencial - 2018	147.306.275	29.939.319	20,32%
Municipal - 2020	147.918.483	34.240.888	23,15%

Fonte: Elaboração da autora, a partir de dados disponibilizados pelo Tribunal Superior Eleitoral.[40]

Verifica-se que, a cada eleição presidencial e municipal, a abstenção cresceu cerca de um ponto percentual. Não se pode ignorar que o comparecimento do eleitorado às urnas em 2020 pode ter sido afetado pela pandemia da covid-19; contudo, o aumento das faltas é verificado nos últimos 12 anos.

Esse comportamento é ainda mais expressivo quando comparamos o comparecimento às urnas no primeiro turno com o do segundo turno:

---

[36] SALGADO, 2010.
[37] DALTON, 2017.
[38] ISSACHAROFF, 2017.
[39] NORRIS, 2001.
[40] BRASIL, [2020d].

QUADRO 2
Evolução de abstenção nas últimas seis eleições brasileiras em segundo turno

Eleição	Eleitorado apto	Abstenção	% de abstenção
Presidencial - 2010	135.804.433	29.197.152	21,50%
Municipal - 2012	31.725.967	6.064.580	19,11%
Presidencial - 2014	142.822.046	30.131.111	21,10%
Municipal - 2016	32.986.856	7.109.099	21,55%
Presidencial - 2018	147.306.275	31.364.522	21,29%
Municipal - 2020	38.577.128	11.392.279	29,53%

Fonte: Elaboração da autora, a partir de dados disponibilizados pelo Tribunal Superior Eleitoral.[41]

Veja-se que a abstenção no segundo turno também cresceu a cada pleito e é maior que a do primeiro turno.

Outro ponto relevante é a ascensão de governos populistas que ensejam a polarização da população e da predominância do raciocínio binário.[42] Essa realidade faz com que a vida política seja pautada por grande tensão e os debates públicos se tornem ringue para discussões apaixonadas em que os fatos não são, necessariamente, a preocupação central.

Novamente, a realidade brasileira não destoa da teoria internacional. As eleições presidenciais de 2018 foram marcadas pela polarização entre esquerda – representada no segundo turno pelo candidato do Partido dos Trabalhadores Fernando Haddad – e direita – representada no segundo turno pelo candidato do Partido Social Liberal Jair Bolsonaro –, e desde então vivemos profundamente o raciocínio binário no campo político.[43]

No âmbito estadual o cenário se repetiu, e as pautas, assim como os debates, foram em grande parte reduzidas ao apoio ou à oposição à

---

[41] BRASIL, [2020d].
[42] ISSACHAROFF, 2017; O'CONNOR; WEATHERALL, 2019.
[43] LABOISSIÈRE, 2018; PARENTE, 2018. Como advogada, atuei em uma das campanhas que concorriam ao governo do estado de Santa Catarina. Naquela oportunidade me deparei com intensa verticalização da campanha, em que as candidaturas estaduais eram divididas entre as que apoiavam – ou eram apoiadas– pelo então candidato Jair Bolsonaro e todo o restante.

candidatura nacional.[44] Não foi surpreendente o resultado que declarou eleitos candidatos concorrentes pelo partido de Jair Bolsonaro à época.[45] Em Santa Catarina, por exemplo, o candidato Carlos Moisés foi eleito governador em sua primeira disputa eleitoral. Até então ele era desconhecido no meio político[46] e apresentava apenas 4% das intenções de votos na pesquisa realizada às vésperas do primeiro turno.[47] No entanto, o governador eleito ostentava o mesmo número de urna do presidente, o que lhe deu grande vantagem.[48]

Voltando para o cenário nacional, mesmo durante o governo de Bolsonaro, a binaridade e a polarização permanecem regendo a cadência política. A realidade confirma a teoria de Issacharoff a respeito de países emergentes de regimes coloniais ou despóticos, para quem "as eleições foram a confirmação da transição para a democracia, mesmo que muitas vezes servissem como o marcador de quem teria autoridade do Estado em um eterno 'nós contra eles'".[49]

No entanto, ainda que do ponto de vista fenotípico, cultural, social, econômico a sociedade brasileira seja diferente, a Constituição assegura a todos a igualdade e a liberdade de voto. Como ressaltado por Dalton, a diminuição na participação aumenta ainda mais as discrepâncias sociais, o que cria um ciclo vicioso de desigualdades.[50]

Além disso, outros mecanismos surgem para firmar essa estagnação. Exemplo claro foi a Lei nº 13.165, de 29 de setembro de 2015, a chamada minirreforma eleitoral. Uma de suas alterações foi nos artigos 108[51]

---

[44] BÄCHTOLD; CARAZZAI, 2018.
[45] PSL..., 2018.
[46] CARAZZAI, 2018.
[47] PESQUISA..., 2018.
[48] CARAZZAI, 2018.
[49] ISSACHAROFF, 2017, p. 505. Tradução livre de: "In countries emerging from colonial rule or despotic regimes, elections were the confirmation of a democratic transformation, even as they often served as the marker of who would hold state authority in a world of unfinished 'us versus- them' business."
[50] DALTON, 2017.
[51] "Art. 108. Estarão eleitos, entre os candidatos registrados por um partido ou coligação que tenham obtido votos em número igual ou superior a 10% (dez por cento) do quociente eleitoral, tantos quantos o respectivo quociente partidário indicar, na ordem da votação nominal que cada um tenha recebido. Destaca-se que em 2021 o artigo 108 foi novamente alterado pela Lei nº 14.211/2021 passando a adotar a seguinte redação: "Art. 108. Estarão eleitos, entre os candidatos registrados por um partido que tenham obtido votos em número igual ou superior a 10% (dez por cento) do quociente eleitoral, tantos quantos o respectivo quociente partidário indicar, na ordem da votação nominal que cada um tenha recebido" (BRASIL, 1965).

e 109[52] do Código Eleitoral. A lei criou novo requisito para a proclamação das candidaturas eleitas: a obtenção de votos em número igual ou superior a 10% do quociente eleitoral. Isso quer dizer que, ainda que determinado partido político conquiste o número de votos suficientes para eleger uma candidatura, esta somente será considerada eleita se alcançar, sozinha, 10% do resultado da divisão de números de votos válidos apurados pelo de lugares a preencher em cada circunscrição eleitoral.

Soma-se a Emenda Constitucional nº 97, de 4 de outubro de 2017.[53] A alteração modificou a formação de chapas para as eleições proporcionais, restringiu o acesso dos partidos políticos aos recursos do fundo partidário e ao tempo de propaganda gratuito no rádio e na televisão.

A nova redação trouxe para a Constituição as regras de distribuição dos recursos públicos e do tempo gratuito de propaganda na televisão e no rádio.[54] Anteriormente, o parágrafo 3º do artigo 17 previa que todos os partidos políticos tinham, na forma da lei, direito aos recursos e ao tempo gratuito de propaganda na televisão e no rádio.[55] Com a emenda, o acesso depende do cumprimento de requisitos mínimos de representatividade na Câmara dos Deputados, contada a partir da quantidade de votos válidos distribuídos em pelo menos um terço das unidades da Federação, ou da eleição de representantes para a casa legislativa, eleitos e eleitas por pelo menos um terço das unidades da Federação.

Ou seja, representantes eleitos para defender os interesses públicos aprovaram um mecanismo que facilita a perpetuação do poder em

---

[52] "Art. 109. Os lugares não preenchidos com a aplicação dos quocientes partidários e em razão da exigência de votação nominal mínima a que se refere o art. 108 serão distribuídos de acordo com as seguintes regras (...)" (BRASIL, 1965).

[53] Emenda nº 97 à Constituição da República Federativa do Brasil (1988) (BRASIL, 2017a).

[54] "Art. 17. É livre a criação, fusão, incorporação e extinção de partidos políticos, resguardados a soberania nacional, o regime democrático, o pluripartidarismo, os direitos fundamentais da pessoa humana e observados os seguintes preceitos: 3º Somente terão direito a recursos do fundo partidário e acesso gratuito ao rádio e à televisão, na forma da lei, os partidos políticos que alternativamente: (Redação dada pela Emenda Constitucional nº 97, de 2017) I - obtiverem, nas eleições para a Câmara dos Deputados, no mínimo, 3% (três por cento) dos votos válidos, distribuídos em pelo menos um terço das unidades da Federação, com um mínimo de 2% (dois por cento) dos votos válidos em cada uma delas; ou (Incluído pela Emenda Constitucional nº 97, de 2017) II - tiverem elegido pelo menos quinze Deputados Federais distribuídos em pelo menos um terço das unidades da Federação" (BRASIL, 1988).

[55] A redação revogada do §3º do artigo 17 é a seguinte: "Os partidos políticos têm direito a recursos do fundo partidário e acesso gratuito ao rádio e à televisão, na forma da lei" (BRASIL, 1988).

suas mãos, na medida que ofertam mais visibilidade e recursos financeiros aos partidos que já ocupam as cadeiras do Congresso Nacional.

Estruturas como essa afetam diretamente a liberdade de voto, que, como já apresentado, reflete a vontade do eleitorado formada a partir de suas convicções. Pois bem, ao longo dos mandatos, as pessoas eleitas têm a oportunidade de construir o arcabouço legislativo favorável à sua permanência e usufruir dos espaços midiáticos que os respectivos cargos lhes possibilitam. Assim, tornam-se mais familiares aos olhos da população e ditam as regras às quais se submeterão. Durante a campanha eleitoral, por outro lado, em razão das regras criadas, essas mesmas eleitas tendem a receber mais recursos financeiros e tempo de propaganda eleitoral gratuita para se comunicar com o eleitorado. Tendo em vista que cabe ao Legislativo a definição das regras eleitorais, e não a qualquer um dos outros poderes, em realidade utópica, caberia a congressistas a adoção de propósitos republicanos quando da edição das leis, em vez de objetivarem seus próprios benefícios.

Nesse contexto em que a reeleição é uma realidade posta[56] e que o artigo XXI da Declaração Universal de Direitos Humanos de 1948, assim como o artigo 25, b, do Pacto Internacional sobre Direitos Civis e Políticos de 1966 – promulgado no Brasil por meio do Decreto nº 592/1992 –, garantem a manifestação da vontade do eleitorado, devemos ter em mente a necessidade de garantir a liberdade de voto e a formação livre da convicção do eleitorado, ainda que não seja fácil identificar os motivos que levam a escolha.[57]

Sob outra ótica, diante do cenário polarizado, ganha importância a figura do voto útil. Na lógica binária que separa a candidatura rechaçada de todas as demais, o eleitorado deixa de apresentar seu voto em decorrência da sua convicção, mas visando a barrar a eleição contrária. Como defende Dawood, os direitos existem e "são exercidos dentro de um contexto político, institucional e social específico". Especificamente sobre o direito ao voto, a autora entende que, "enquanto detido por indivíduos, não tem sentido na ausência de um conjunto de processos democráticos e instituições como eleições, partidos políticos, constituintes, candidatos, órgãos de governo e semelhantes".[58]

---

[56] Importante ressaltar que, apesar de a reeleição estar prevista na Constituição, incluída pela Emenda Constitucional nº 16, representa regra que aniquila a igualdade de chances entre as candidaturas e, portanto, mostra-se inconstitucional. Sobre o tema: SALGADO, 2010.
[57] RAIS, 2018b, p. 114.
[58] DAWOOD, 2012, p. 503.

A liberdade de voto, para além das opções oferecidas e das regras do jogo, também passa pela informação e pela educação da sociedade. Dalton estabelece "três principais fatores que influenciam a decisão à participação [política]: habilidades politicamente relevantes e recursos, atitudes políticas que encorajam a participação, e contato com grupos ou pessoas que pedem para alguém participar".[59]

Ou seja, a liberdade de voto deve ser analisada e compreendida dentro da realidade vivida, e não a partir dos textos normativo e doutrinário assépticos. A construção da convicção do eleitorado, pois depende de quais informações lhe são entregues, por quem são entregues, como são entregues.

Vimos até aqui a respeito da diminuição da participação popular na política por meio do voto, da manipulação do sistema democrático por mandatários eleitos, do aumento da desigualdade eleitoral, e então nos perguntamos: o nosso voto é realmente livre?

Se formamos nosso convencimento a partir da realidade que os governantes desejam que vejamos; se os grupos sociais de poder e recursos orquestram o meio político; se o sistema é desenhado para manter as mesmas pessoas nas posições de decisão; se a sociedade encontra-se cada vez mais desmotivada para participar da vida política; se vivemos numa sociedade polarizada que desestimula o diálogo; se a cultura política exclui as minorias e barra a ampla representação; a garantia constitucional da liberdade de voto existe, ou não passa de uma ficção do sonho democrático?

Vivemos um momento em que a população precisa conviver com um governo que se contradiz,[60] que nega a ciência,[61] que parece ignorar aquilo que diz.[62] A dura realidade brasileira, principalmente nos últimos anos, contribui para o desenvolvimento de apatia para com a vida política, de negação como fuga psicológica para enfrentar o cotidiano.

Como visto, o sufrágio, materializado no voto, é o cerne da democracia. Enquanto o texto constitucional não for abalado pela profecia do ministro, o voto é obrigatório e, acima de tudo, livre. No entanto, essa liberdade não pode ser aceita como uma verdade inquestionável.

---

[59] DALTON, 2017, p. 3. Tradução livre de: "(...) three main factors influence the decision to participate: politically relevant skills and resources, political attitudes that encourage participation, and connections to groups or people who ask one to participate."
[60] IRAJÁ, 2021. 2
[61] FÁVERO; RIBEIRO; MENEZES; PACHECO, 2020.
[62] BOLSONARO..., 2021.

Ao mesmo tempo que a democracia depende do voto livre, ela permite que o questionemos e lutemos para assegurá-lo. Buscar a efetiva liberdade de voto é essencial na construção do processo democrático justo e legítimo.

2.2 Direito à informação e liberdade de expressão

Como visto, a liberdade de voto é pilar estruturante dos regimes democráticos. Para se garantir essa liberdade, é essencial o exercício do direito à informação. Esse direito está diretamente relacionado à liberdade de informação e de expressão e representa um direito humano e fundamental de alta relevância, assim como uma técnica democrática "de alta densidade na conformação das relações humanas numa determinada comunidade política e social".[63] Henrique Neves da Silva entende o direito à informação "como o direito de amplo acesso aos dados de interesse coletivo, que devem ser auditáveis e verdadeiros".[64]

É direito previsto mundialmente na Carta dos Direitos Humanos de 1948, segundo a qual, em seu artigo 19, é garantido o direito de procurar, receber e difundir informações.[65] Igualmente o artigo 19 do Pacto Internacional sobre Direitos Civis e Políticos, promulgado no Brasil pelo Decreto nº 592/1992. Este, no entanto, traz a ressalva de que o exercício do direito ali assegurado está sujeito a restrições, desde que expressamente previstas em lei e necessárias para "assegurar o respeito dos direitos e da reputação das demais pessoas" ou para "proteger a segurança nacional, a ordem, a saúde ou a moral públicas".[66]

Na Constituição Federal não nos deparamos expressamente com o direito à informação, mas com as correlatas e intimamente ligadas liberdade de expressão e de opinião – no artigo 5º, IV[67] e IX –[68] e liberdade

---

[63] SARLET; MOLINARO, 2014, p. 12.
[64] SILVA, H., 2018, p. 197.
[65] "Artigo 19º. Todo o indivíduo tem direito à liberdade de opinião e de expressão, o que implica o direito de não ser inquietado pelas suas opiniões e o de procurar, receber e difundir, sem consideração de fronteiras, informações e idéias por qualquer meio de expressão" (ASSEMBLEIA GERAL DAS NAÇÕES UNIDAS. 1948).
[66] BRASIL, 1992a.
[67] "Art. 5º. Todos são iguais perante a lei, sem distinção de qualquer natureza, garantindo-se aos brasileiros e aos estrangeiros residentes no País a inviolabilidade do direito à vida, à liberdade, à igualdade, à segurança e à propriedade, nos termos seguintes: IV - é livre a manifestação do pensamento, sendo vedado o anonimato;
[68] "Art. 5º. (...) IX - é livre a expressão da atividade intelectual, artística, científica e de comunicação, independentemente de censura ou licença (...)" (BRASIL, 1988).

de comunicação – no artigo 220.[69] O texto constitucional também prevê, no artigo 5º, LXXII, o *habeas data*, ação judicial que garante o acesso e a retificação de dados e informações relativas à determinada pessoa presentes em bancos de dados e registros públicos.[70]

Do ponto de vista específico do Estado, a Constituição Federal ainda garante o acesso à informação (no artigo 5º, incisos XIV[71] e XXXIII,[72] no artigo 37, parágrafo 3º, inciso II,[73] e no artigo 216, parágrafo 2º);[74] a transparência e compartilhamento das informações no âmbito do Sistema Nacional de Cultura (no artigo 216-A, §1º, IX);[75] estabelece a publicidade como um dos princípios da administração pública (no artigo 37)[76] e especifica a publicidade das decisões judiciais (no artigo 93, IX).[77]

As liberdades, por sua vez, conformam o conceito de autodeterminação, segundo o qual a cidadania é livre para exercê-las – ou deixar de exercê-las –, e integram a compreensão do caráter deliberativo da democracia. Esta revela duas faces: na primeira, "garante[-se]

---

[69] "Art. 220. A manifestação do pensamento, a criação, a expressão e a informação, sob qualquer forma, processo ou veículo não sofrerão qualquer restrição, observado o disposto nesta Constituição" (BRASIL, 1988).

[70] "Art. 5º (...) LXXII - conceder-se-á "habeas-data": a) para assegurar o conhecimento de informações relativas à pessoa do impetrante, constantes de registros ou bancos de dados de entidades governamentais ou de caráter público; b) para a retificação de dados, quando não se prefira fazê-lo por processo sigiloso, judicial ou administrativo (...)" (BRASIL, 1988).

[71] "Art. 5º (...) XIV - é assegurado a todos o acesso à informação e resguardado o sigilo da fonte, quando necessário ao exercício profissional (...)" (BRASIL, 1988).

[72] "Art. 5º (...) XXXIII - todos têm direito a receber dos órgãos públicos informações de seu interesse particular, ou de interesse coletivo ou geral, que serão prestadas no prazo da lei, sob pena de responsabilidade, ressalvadas aquelas cujo sigilo seja imprescindível à segurança da sociedade e do Estado (...)" (BRASIL, 1988).

[73] "Art. 37. (...) §3º A lei disciplinará as formas de participação do usuário na administração pública direta e indireta, regulando especialmente: II - o acesso dos usuários a registros administrativos e a informações sobre atos de governo, observado o disposto no art. 5º, X e XXXIII (...)" (BRASIL, 1988).

[74] "Art. 216. (...) §2º Cabem à administração pública, na forma da lei, a gestão da documentação governamental e as providências para franquear sua consulta a quantos dela necessitem" (BRASIL, 1988).

[75] "Art. 216-A. §1º (...) IX transparência e compartilhamento das informações (...)" (BRASIL, 1988).

[76] "Art. 37. A administração pública direta e indireta de qualquer dos Poderes da União, dos Estados, do Distrito Federal e dos Municípios obedecerá aos princípios de legalidade, impessoalidade, moralidade, publicidade e eficiência e, também, ao seguinte (...)" (BRASIL, 1988).

[77] "Art. 93. (...) IX todos os julgamentos dos órgãos do Poder Judiciário serão públicos, e fundamentadas todas as decisões, sob pena de nulidade, podendo a lei limitar a presença, em determinados atos, às próprias partes e a seus advogados, ou somente a estes, em casos nos quais a preservação do direito à intimidade do interessado no sigilo não prejudique o interesse público à informação (...)" (BRASIL, 1988).

o espaço de autonomia individual ao permitir a expressão e exposição do cidadão no debate político de acordo com suas convicções pessoais", enquanto, na segunda, "o diálogo permite que os interesses particulares se transformem em preferências imparciais, gerando uma ação coletiva comum, como integrante do ideal republicano".[78]

Por se tratar de direitos fundamentais, tanto o direito à informação quanto as liberdades, em regra, somente poderão sofrer limites ou restrições pela própria Constituição, "de tal sorte que uma 'resposta correta' sobre a extensão do direito à informação é sempre e em primeiro plano uma resposta constitucionalmente adequada, ou seja, fundada na e justificada pela Constituição".[79] De outro lado, precisamos ter em mente que a liberdade de opinião e de consciência não abrangem a divulgação de informações falsas; essa conduta não é protegida pela Constituição, "porque conduziria a uma pseudo-operação da formação da opinião".[80]

Especificamente no campo das campanhas eleitorais, José Jairo Gomes aponta que a cidadania tem "direito a receber toda e qualquer informação, positiva ou negativa, acerca de fatos e circunstâncias envolvendo os candidatos e partidos políticos que disputam o pleito". Entende o autor que "só assim estarão em condições de formar juízo seguro a respeito deles e definir seus votos de forma consciente e responsável".[81]

Como todo direito fundamental, o direito à informação apresenta titularidades distintas, a depender das pretensões que dele emanam. A primeira é a titularidade individual de pessoas determinadas, como o direito de determinada eleitora ou eleitor de conhecer as candidaturas e ter acesso às suas informações ou o da candidata ou do candidato de se apresentar. A segunda é a titularidade transindividual, "relacionada a um grupo determinado ou a uma coletividade indeterminável",[82] tal qual o direito de acesso ao horário eleitoral gratuito de (quase) todas as candidaturas.[83]

---

[78] SALGADO; BERTOTTI, 2018, p. 85-86.
[79] SARLET; MOLINARO, 2014, p. 26.
[80] BRANCO, 2009, p. 414.
[81] GOMES, 2020, p. 152.
[82] HACHEM, 2013, p. 647.
[83] Como visto, o acesso ao tempo de televisão e rádio durante o horário eleitoral gratuito depende do preenchimento da cláusula de barreira prevista no artigo 17, §3º da Constituição Federal: " (...) Somente terão direito a recursos do fundo partidário e acesso gratuito ao rádio e à televisão, na forma da lei, os partidos políticos que alternativamente: I - obtiverem, nas eleições para a Câmara dos Deputados, no mínimo, 3% (três por cento) dos votos válidos,

Assim, especificamente sob a ótica da titularidade individual, o direito à informação é uma via de mão dupla: ao mesmo tempo que se posiciona como garantia do eleitorado de saber sobre as candidaturas postas, é direito destas se apresentarem.

Fernando Gustavo Knoerr pontua que a "democracia real ampara-se por isso na ampla liberdade de informação, reunindo as prerrogativas cidadãs de informar (aqui incluída a liberdade de imprensa), e de se informar, aparelhadas pela proteção contra a informação abusiva ou disfuncional". Destaca, então, o papel da propaganda eleitoral nesse cenário, pois ela atende à dupla titularidade, visto que as candidaturas têm o direito de "informar ao eleitorado quem são, como vivem, o que fazem e o que pretendem fazer acaso alçados à condição de mandatários, sujeitando-se deste modo aos endossos, mas também à crítica do eleitorado e de seus concorrentes políticos". Igualmente, "atende (...) ao direito do eleitorado de se informar sobre os candidatos, aprimorando qualitativamente a escolha nas urnas para imprimir um grau maior de legitimidade aos eleitos e reduzir o *déficit* de representatividade".[84]

Como visto anteriormente, a liberdade de voto está intimamente ligada ao direito à informação. Raquel Machado identifica a relação existente entre a liberdade de informação e o princípio da veracidade e defende que a liberdade de voto "pressupõe que ele fará a sua escolha com base em uma realidade conhecida, e não em uma realidade mascarada ou falsa". Isso porque "decidir com base em realidade falsa é, na verdade, uma sujeição e não uma liberdade, é, em outros termos, sujeitar-se à farsa praticada por outrem".[85]

José Jairo Gomes aponta que, em atenção ao direito à informação, é necessário que a Justiça Eleitoral divulgue, de modo a facilitar o acesso, os antecedentes dos candidatos e das candidatas, expressos pelos documentos e pelas informações constantes do processo de registro de candidatura. Destaca-se que a publicidade de tais dados já é garantida pela lei,[86] portanto, não há empecilho para tanto.

---

distribuídos em pelo menos um terço das unidades da Federação, com um mínimo de 2% (dois por cento) dos votos válidos em cada uma delas; ou II - tiverem elegido pelo menos quinze Deputados Federais distribuídos em pelo menos um terço das unidades da Federação" (BRASIL, 1988).

[84] KNOERR, 2018, p. 416.
[85] MACHADO, 2018, p. 276.
[86] "Art. 11. Os partidos e coligações solicitarão à Justiça Eleitoral o registro de seus candidatos até as dezenove horas do dia 15 de agosto do ano em que se realizarem as eleições. §1º O pedido de registro deve ser instruído com os seguintes documentos: I - cópia da ata a que

Nesse sentido, a Justiça Eleitoral disponibiliza os dados referentes às candidaturas – tanto de registro quanto de prestação de contas – no site Divulga Cand Contas.[87] Nele estão concentradas as informações sobre convenções partidárias, prestação de contas (incluindo relação de doadores, fornecedores, limite de gastos, sobre de campanha, dívida de campanha, financiamento coletivo...) e registro de candidatura. Assim, sem a necessidade de identificação por meio de cadastro específico, o eleitorado pode consultar, em um só lugar, os dados de todas as candidaturas registradas, efetivando o direito à informação.

Tal medida é altamente relevante para a garantia da liberdade de voto, pois, com a informação nas mãos, o eleitorado pode sopesar, por exemplo, se confiará seu voto a candidato ou candidata que responde a ações criminais ou por improbidade administrativa, ou ainda que recebe recursos financeiros de certas fontes.

O direito à informação, pois, contribui para o voto livre, uma vez que municia a população com dados para a formação de sua convicção. Nas palavras de Henrique Neves da Silva, o "Estado verdadeiramente Democrático está essencialmente ligado à possibilidade de os cidadãos serem bem-informados e poderem contribuir de forma eficaz para a tomada das decisões coletivas, por meio dos debates livres".[88]

De outro lado, é preciso ter em mente que o direito à informação convive com os direitos da personalidade, especificamente o direito à privacidade e à intimidade, garantidos no artigo 5º, inciso X, da Constituição Federal.[89] A rigor, as informações pessoais não devem ser publicadas e divulgadas, a não ser quando devidamente fundamentadas em decisão judicial.[90]

---

se refere o art. 8º; II - autorização do candidato, por escrito; III - prova de filiação partidária; IV - declaração de bens, assinada pelo candidato; V - cópia do título eleitoral ou certidão, fornecida pelo cartório eleitoral, de que o candidato é eleitor na circunscrição ou requereu sua inscrição ou transferência de domicílio no prazo previsto no art. 9º; VI - certidão de quitação eleitoral; VII - certidões criminais fornecidas pelos órgãos de distribuição da Justiça Eleitoral, Federal e Estadual; VIII - fotografia do candidato, nas dimensões estabelecidas em instrução da Justiça Eleitoral, para efeito do disposto no §1º do art. 59. IX - propostas defendidas pelo candidato a Prefeito, a Governador de Estado e a Presidente da República. (...) §6º A Justiça Eleitoral possibilitará aos interessados acesso aos documentos apresentados para os fins do disposto no §1º (BRASIL, 1997).

[87] Disponível em: https://divulgacandcontas.tse.jus.br/divulga/#/.
[88] SILVA, H., 2018, p. 197.
[89] "Art. 5º. (...) X - são invioláveis a intimidade, a vida privada, a honra e a imagem das pessoas, assegurado o direito a indenização pelo dano material ou moral decorrente de sua violação (...)" (BRASIL, 1988).
[90] SILVA, H., 2018, p. 197.

Olivar Coneglian defende que, quando tratamos de personalidades públicas, incluindo agentes políticos, candidatas e candidatos, essa garantia é flexibilizada.[91] Nesse sentido, José Jairo Gomes ressalta que, ao menos, questões de foro íntimo, diretamente vinculadas à dignidade da pessoa humana, garantida no artigo 1º, inciso III, da Constituição Federal, devem ser preservadas. Contudo, o próprio autor pondera que "é induvidoso que interessa aos eleitores conhecer algumas peculiaridades da intimidade do destinatário de seus votos, de sorte que a cidadania seja exercida com grau maior de consciência e responsabilidade". Mesmo tratando de questões bastantes pessoais, como a infidelidade matrimonial, existem "fatos ocorridos na esfera íntima de um candidato que eventualmente podem esclarecer o eleitorado, pois deixam entrever sua cosmovisão e a direção que provavelmente imprimirá ao mandato caso seja eleito".[92]

No entanto, a Constituição Federal não exclui as pessoas públicas do âmbito do direito à privacidade. Interpretação diversa fere a igualdade e os direitos fundamentais da pessoa violada.

Tendo em vista que a formação do voto não é ato plenamente racional e que o eleitorado é influenciado por diversos fatores emocionais, sociais, culturais, econômicos, não é possível fazer uma análise lógica e linear da escolha tomada. Informações sobre o estilo de vida, as preferências pessoais, os hábitos e rotinas diários, o temperamento podem auxiliar a tomada de decisão e, portanto, devem estar ao acesso do eleitorado.

Essa concepção – de flexibilização da intimidade e da privacidade – deve ser adotada quando da análise da propaganda eleitoral, pois certamente se a informação se originar da própria pessoa não há qualquer discussão a ser feita, já que o compartilhamento foi voluntário. Quando a divulgação provém de terceiros, contudo, devemos ter em mente o direito à informação do eleitorado. É necessário ressaltar que a exposição jamais deverá extrapolar a figura do candidato e da candidata, ou seja, não se pode admitir que uma propaganda que pretenda prejudicar a imagem de certa candidatura explore, por exemplo, a condição de dependência química de parente, como ocorreu na campanha estadunidense à presidência em 2020.[93]

---

[91] CONEGLIAN, 2016, p. 351.
[92] GOMES, 2020, p. 153.
[93] MASTRANGELO, 2021.

A liberdade de opinião consiste na "liberdade de o indivíduo adotar a atitude intelectual de sua escolha: quer um pensamento íntimo, quer seja a tomada de posição pública; liberdade de pensar e dizer o que se crê verdadeiro".[94] Está ligada à liberdade de consciência, garantida pelo artigo 5º, VI, da Constituição Federal,[95] e é entendida como "a faculdade de o indivíduo formular juízos e idéias sobre si mesmo e sobre o meio externo que o circunda".[96] Paulo Gustavo Gonet Branco destaca que o Estado não deve interferir na esfera íntima da população e restringir a liberdade de consciência, mas deve "propiciar meios efetivos de formação autônoma da consciência das pessoas".[97]

A liberdade de expressão, por sua vez, compreendida como a livre manifestação do pensamento,[98] é assegurada no artigo 5º, inciso IV, da Constituição.[99] Apresenta-se como um princípio constitutivo dos Estados Democráticos de Direito e ocupa posição fundamental na estrutura democrática.[100]

A sua garantia é essencial para a existência do espaço público de debate em que circulam livremente ideias, pensamentos, críticas e se fomente o diálogo democrático no qual grupos minoritários e dissonantes têm a possibilidade de serem ouvidos.[101] Nesse contexto, a internet assume papel de extrema relevância. As redes sociais tornaram-se palco para a livre manifestação e deram voz a toda pessoa que queira – dentro dos limites legais e das diretrizes da comunidade – publicar suas impressões, crenças, pensamentos, opiniões. Romperam a ideia de comunicação de um para muitos, passando a se caracterizar pela comunicação de muitos para muitos.[102]

A internet, então, assumiu papel central na comunicação política, objeto de especial estima democrático. A democracia, segundo Georgina Sosa Hernández, "requer mecanismos que permitam a troca

---

[94] SILVA, J., 2005, p. 241.
[95] "Art. 5º. (...) VI - é inviolável a liberdade de consciência e de crença, sendo assegurado o livre exercício dos cultos religiosos e garantida, na forma da lei, a proteção aos locais de culto e a suas liturgias (...)" (BRASIL, 1988).
[96] BRANCO, 2009.
[97] BRANCO, 2009.
[98] SARLET, 2012, p. 440.
[99] "Art. 5º. (...) IV - é livre a manifestação do pensamento, sendo vedado o anonimato (...)" (BRASIL, 1988).
[100] SALGADO, 2010.
[101] GOMES, 2020, p. 716.
[102] RAIS, 2018a.

permanente de informações entre políticos e cidadãos sobre importantes tomadas de decisão".[103] Ela acrescenta que "a informação é necessária para persuadir e influenciar os cidadãos e, na melhor das hipóteses, convencer para legitimar a ação do governo".[104]

No mesmo sentido que a liberdade de opinião, a liberdade de expressão, principalmente no contexto de campanha eleitoral, sofre restrições que, contudo, "não podem ir além do mínimo necessário para garantir a efetividade dos princípios estruturantes".[105]

Essa limitação já pode ser observada no artigo 11 da Declaração dos Direitos do Homem e do Cidadão[106] de 1789: "A livre comunicação das idéias e das opiniões é um dos mais preciosos direitos do homem. Todo cidadão pode, portanto, falar, escrever, imprimir livremente, respondendo, todavia, pelos abusos desta liberdade nos termos previstos na lei."

Na seara eleitoral, também, a interferência deve ser mínima, inclusive na internet. José Jairo Gomes posiciona que muitas vezes postagens em redes sociais, ainda que contenham críticas ou elogios a integrantes do jogo político, não caracterizam propaganda eleitoral, mas tão somente o exercício da liberdade de expressão da cidadania. Ressalta que é "preciso cautela para não se confundir um discurso legítimo, abrigado pelo direito fundamental de expressão, com um discurso espúrio".[107]

Na doutrina estadunidense, no entanto, existe entendimento diverso: a teoria conhecida como mercado de ideias. Segundo Annie Hundley, na teoria, todas as ideias e manifestações devem ser autorizadas no discurso livre e público, até mesmo notícias falsas. Isso porque qualquer restrição, independentemente do fundamento, pode acidentalmente restringir a verdade. Segundo a teoria, o governo não deve interferir no discurso falso, e, dessa forma, a verdade e a mentira

---

[103] Tradução livre de: "La democracia como régimen político requiere de mecanismos que permitan el intercambio permanente de información entre políticos y ciudadanos sobre la toma de decisiones importantes."

[104] HERNÁNDEZ, 2021. Tradução livre de: "se necesita informar con el fin de persuadir e influir en los ciudadanos y, en el mejor de los escenarios, convencer para lograr la legitimación de la acción de gobierno."

[105] SALGADO, 2010, p. 256.

[106] Aqui, ressalta-se o uso do masculino como se neutro fosse, instalando já no princípio, a diferença e o recorte social.

[107] GOMES, 2020, p. 798.

competirão no mercado de ideias e naturalmente a verdade vencerá.[108] Ou seja, utilizam a lógica da menor interferência estatal, deixando que a mão invisível do livre mercado – de ideias – regule a veracidade do discurso e exclua naturalmente as mentiras do jogo.

Ainda de acordo com Hundley, contudo, para que a teoria seja aplicável, fazem-se necessárias duas suposições: (i) a verdade deve ser aferível e passível de ser provada e (ii) os integrantes do mercado devem estar realmente procurando descobrir a verdade. Veja-se que, para esse livre mercado de ideias funcionar, pois, é essencial que as pessoas efetivamente estejam dispostas a serem informadas, de modo que se deve excluir qualquer resquício dos vieses de confirmação.[109]

Nesse sentido a autora explica que "consumidores" desse mercado não deveriam se deixar influenciar pela "embalagem de uma ideia", caso contrário, o mercado valorizaria a ideia mais bem apresentada, e não a de melhor conteúdo. No entanto, especialmente quando tratamos de campanha eleitoral, diante das propagandas cada vez mais elaboradas, do advento das redes sociais[110] e das bolhas de eco,[111] essa premissa beira a utopia.

No Brasil a teoria não encontra espaço. Isso porque mesmo os direitos fundamentais não são absolutos e devem ser sopesados quando em conflito. Principalmente no âmbito das campanhas eleitorais, em que a oferta da informação correta ao eleitorado é fundamental para o bom funcionamento da democracia. Emily Thorson destaca que a pessoa desinformada, ou seja, aquela que, não tem informação, reconhece quando lhe falta conhecimento acerca de determinado assunto e pode optar por buscá-la. Por outro lado, a pessoa mal-informada, compreendida como aquela que acredita que recebeu informação correta,

---

[108] HUNDLEY, 2017.
[109] Raquel Machado e Jéssica Almeida explicam que "(...) as *fake news*, muitas vezes, são usadas mais como um 'viés de confirmação' de uma decisão, do que propriamente como um fator preponderante de sua formação. Ou seja, quem utiliza notícias falsas ou 'fraudadas' para justificar seu voto, usam-nas não porque, em tese, acreditam no conteúdo que elas veiculam, mas apenas como mais um argumento ou motivo para confirmar o seu voto. (...) aqueles que já têm sua decisão política formada valem-se delas geralmente como um reforço positivo para sua escolha, ou seja, utilizam-na como viés de confirmação (MACHADO; ALMEIDA, 2020). A temática concernente ao viés de confirmação também será abordada no item 3.2, adiante.
[110] MANZI, 2019.
[111] Bolhas de eco, traduzidas do inglês *eco chambers* é a condição em que usuários das redes sociais são expostos repetidamente às mesmas informações, ou a conteúdos com a mesma ideologia, sem serem confrontados com ideias contrárias (MANZI, 2019).

representa ameaça ao desempenho democrático, na medida em que faz uso da desinformação para formar sua convicção, divulga a mentira e resiste a correções.[112]

O alcance da formação individual de convicção por cada eleitor e eleitora, pois passa pela socialização de informação correta, clara, direta. A população politicamente educada deve ser capaz de identificar as fragilidades dos discursos públicos. Somente assim a desigualdade começa a ser reduzida e a participação incrementada. Somente a partir – e por meio – da informação a população marginalizada ganhará voz e conseguirá impactar a construção de políticas públicas de modo a efetivamente fazer valer o direito à informação e a liberdade de expressão.

---

[112] THORSON, 2015.

CAPÍTULO 3

COMPREENSÕES SOBRE PROPAGANDA POLÍTICA E DESINFORMAÇÃO

A desinformação é fenômeno antigo que sempre acompanhou todo tipo de comunicação política. No entanto, com o advento e a popularização da internet sua produção, identificação e disseminação tornaram-se mais evidentes.

Diante dessa premissa, o presente capítulo destina-se, inicialmente, ao estudo da propaganda política no contexto jurídico brasileiro e de suas quatro espécies: (i) propaganda partidária, (ii) propaganda intrapartidária, (iii) propaganda eleitoral e (iv) publicidade institucional.

Em seguida, o item 3.2 aborda o fenômeno da desinformação, apresentando brevemente sua origem, classificações, a busca ainda não consensual por um conceito acadêmico, a forma como se disseminam e as razões pelas quais são propagadas.

Por fim, o item 3.3 traz para a leitura dados acerca da disseminação de desinformação durante a campanha eleitoral de 2018 no Brasil, apresentando relato de um caso divulgado em Santa Catarina e como o uso do aplicativo de mensageria privada WhatsApp contribui para dispersão da desinformação.

3.1 Propaganda política

A Constituição de 1988 garante aos partidos políticos que superarem a cláusula de barreira[113] o acesso gratuito ao rádio e à televisão.

---

[113] A cláusula de barreira consiste em requisitos a serem preenchidos, alternativamente, sem os quais os partidos políticos não têm acesso ao fundo partidário e ao tempo gratuito no rádio e na televisão. Os requisitos estão previstos nos incisos do parágrafo 3º do artigo 17 da Constituição de 1988: "(...) É livre a criação, fusão, incorporação e extinção de partidos políticos, resguardados a soberania nacional, o regime democrático, o pluripartidarismo, os direitos fundamentais da pessoa humana e observados os seguintes preceitos:(...) §3º.

Essa garantia, contudo, representa apenas uma parcela da chamada propaganda política.

A propaganda política engloba "toda propaganda relacionada com o exercício do poder político ou destinada à sua conquista".[114] De modo mais direto, pode ser conceituada como "(...) todas as formas, em lei permitidas, de realização de meios publicitários tendentes à obtenção de simpatizantes ao ideário partidário ou à obtenção de voto".[115]

Não há consenso na doutrina acerca das espécies de propaganda política;[116] no entanto, para fins deste trabalho, adotamos a classificação proposta por Raquel Machado[117] e José Jairo Gomes,[118] e dividimos a propaganda política em: (i) propaganda partidária, (ii) propaganda intrapartidária, (iii) propaganda eleitoral e (iv) publicidade institucional.

Antes de adentrarmos em cada espécie, porém, importante entendermos do que se trata a propaganda. José Jairo Gomes a conceitua como "procedimentos de comunicação em massa, pelos quais se difundem ideias, informações e crenças com vistas a obter-se a adesão dos destinatários" para "criar nos destinatários imagens positivas – ou negativas – acerca do objeto enfocado".[119] Fávila Ribeiro, por sua vez, explica que "(...) propaganda é um conjunto de técnicas empregadas para sugestionar pessoas na tomada de decisão".[120]

Somente terão direito a recursos do fundo partidário e acesso gratuito ao rádio e à televisão, na forma da lei, os partidos políticos que alternativamente: (Redação dada pela Emenda Constitucional nº 97, de 2017) I - obtiverem, nas eleições para a Câmara dos Deputados, no mínimo, 3% (três por cento) dos votos válidos, distribuídos em pelo menos um terço das unidades da Federação, com um mínimo de 2% (dois por cento) dos votos válidos em cada uma delas; ou (Incluído pela Emenda Constitucional nº 97, de 2017) II - tiverem elegido pelo menos quinze Deputados Federais distribuídos em pelo menos um terço das unidades da Federação (Incluído pela Emenda Constitucional nº 97, de 2017)" (BRASIL, 1988).

[114] PINTO, 2010, p. 252.
[115] SOBREIRA NETO, 2004, p. 153.
[116] Olivar Coneglian (2016, p. 16) adota a publicidade política como gênero cujas espécies divide em (i) propaganda eleitoral, (i) propaganda política (esta ainda é subdividida em partidária, não partidária feito pelos políticos, e não partidária informal) e (iii) comunicação institucional (subdividida em por força legal, convocatória, propaganda e informes noticiosos). Jair Eduardo Santana e Fábio Luis Guimarães (2012, p. 119) apontam duas espécies de propaganda política: (i) "a propaganda partidária, em que há uma tônica ideológica voltada para a doutrinação política" e (ii) a "propaganda eleitoral, destinada ao público em geral com a finalidade de conquistar votos" Roberto Moreira de Almeida (2012, p. 364) reconhece três espécies de propaganda política: (i) a propaganda eleitoral, (ii) a propaganda intrapartidária, e (iii) a propaganda partidária. Djalma Pinto (2010, p. 252) a classifica em (i) propaganda partidária, (ii) eleitoral e (iii) institucional.
[117] MACHADO, 2018, p. 273.
[118] GOMES, 2020.
[119] GOMES, 2020, p. 703.
[120] RIBEIRO, 2000, p. 379.

Especificamente sobre a comunicação em massa, Diogo Rais, ao tratar da propaganda eleitoral na internet, explica que, antes da popularização desta, "tínhamos um único caminho da comunicação, que era traçado entre um emissor e muitos receptores (...), conhecida como comunicação 'de um para muitos' (...). Hoje, temos também uma via de comunicação que é chamada 'de muitos para muitos'".[121]

A propaganda política, por sua vez, busca apresentar ao público uma ideia com o intuito de angariar apoio materializado, no âmbito político, na adesão aos ideais partidários ou votos.[122]

A primeira espécie de propaganda política a ser visitada é a propaganda partidária. Esta é realizada pelos partidos políticos "para a conquista do poder, para a continuação de seu exercício pela agremiação dominante ou contestação à ação dos dirigentes da Administração", e tem como principal objetivo a aprovação pública do programa e das políticas partidárias.[123]

Como já dito, a Constituição assegura o acesso gratuito à televisão e ao rádio, o chamado de direito de antena. Em 2017 a Lei nº 13.487 havia revogado os artigos 45 a 48-A da Lei nº 9.096/1995 –[124] a chamada Lei dos Partidos Políticos –, que regulamentavam esse direito. Recentemente, contudo, foi publicada a Lei nº 14.291/2022,[125] que devolveu à legislação de regência as disposições sobre a propaganda partidária gratuita no rádio e na televisão.

Atualmente, a propaganda partidária gratuita ocorrerá mediante transmissão no rádio e na televisão no horário entre 19h 30min e 22h 30min, em âmbito nacional e estadual, por meio de inserções de 30 segundos no intervalo da programação normal das emissoras,[126] limitadas a dez inserções diárias.[127]

---

[121] RAIS, 2018a, p. 43.
[122] CONEGLIAN, 2016.
[123] PINTO, 2010, p. 272.
[124] BRASIL, 1988.
[125] BRASIL, 1995b.
[126] "Art. 50-A. A propaganda partidária gratuita mediante transmissão no rádio e na televisão será realizada entre as 19h30 (dezenove horas e trinta minutos) e as 22h30 (vinte e duas horas e trinta minutos), em âmbito nacional e estadual, por iniciativa e sob a responsabilidade dos respectivos órgãos de direção partidária. (Incluído pela Lei nº 14.291, de 2022) §1º As transmissões serão em bloco, em cadeia nacional ou estadual, por meio de inserções de 30 (trinta) segundos, no intervalo da programação normal das emissoras. (Incluído pela Lei nº 14.291, de 2022) (BRASIL, 1997).
[127] "Art. 50-A (...) §8º Em cada rede somente serão autorizadas até 10 (dez) inserções de 30 (trinta) segundos por dia" (BRASIL, 1997).

Para exercer o direito, além de superar a cláusula de barreira, o partido político deverá apresentar à Justiça Eleitoral requerimento com a data e o horário em que desejam que suas propagandas sejam veiculadas.[128] Então, cabe à Justiça Eleitoral, por meio do Tribunal Superior Eleitoral, no caso dos órgãos de direção nacional, e dos Tribunais Regionais Eleitorais, no caso dos órgãos de direção estaduais, requerer os horários às emissoras de rádio e de televisão,[129] e, em caso de coincidência de data e de horário, terá prioridade o partido que apresentar o requerimento anteriormente.[130]

O partido que usufruir desse tempo deverá restringir o conteúdo veiculado àqueles com objetivo de difundir os programas partidários, transmitir mensagens aos filiados sobre a execução do programa partidário, os eventos com este relacionados e as atividades congressuais do partido, divulgar a posição do partido em relação a temas políticos e ações da sociedade civil, incentivar a filiação partidária e esclarecer o papel dos partidos na democracia brasileira, promover e difundir a participação política das mulheres, dos jovens e dos negros.[131]

A divisão do tempo, por sua vez, dependerá do número de cadeiras conquistadas pelo partido na Câmara dos Deputados, sendo distribuído da seguinte maneira:

QUADRO 3
Distribuição de tempo do direito de antena

Cadeiras conquistadas na Câmara	Minutos por semestre	Nº de inserções por semestre
Acima de 20	20	40
Entre 10 e 20	10	20
Até 9	5	10

Fonte: Elaboração da autora.

---

[128] "Art. 50-A (...) §2º O órgão partidário respectivo apresentará à Justiça Eleitoral requerimento da fixação das datas de formação das cadeias nacional e estaduais" (BRASIL, 1997).
[129] "Art. 50-A (...) §3º A formação das cadeias nacional e estaduais será autorizada respectivamente pelo Tribunal Superior Eleitoral e pelos Tribunais Regionais Eleitorais, que farão a necessária requisição dos horários às emissoras de rádio e de televisão" (BRASIL, 1997).
[130] "Art. 50-A (...) §5º Se houver coincidência de data, a Justiça Eleitoral dará prioridade ao partido político que apresentou o requerimento primeiro" (BRASIL, 1997).
[131] Artigo 50-B (BRASIL, 1995a).

Ou seja, a quantidade de cadeiras conquistadas na Câmara federal em uma eleição definirá o tempo a que os partidos políticos terão acesso gratuitamente na televisão e no rádio pelos próximos quatro anos. Tal situação acaba por criar um ciclo de poder, como visto anteriormente, pois os partidos que possuem maior representatividade recebem maior visibilidade.

Por outro lado, com vistas a priorizar a participação feminina, a lei impõe que 30% do tempo disponível seja utilizado especificamente para a difusão da participação política das mulheres.[132]

Igualmente, a norma aponta restrições para a utilização do tempo, dentre as quais destacamos "a utilização de imagens ou de cenas incorretas ou incompletas, de efeitos ou de quaisquer outros recursos que distorçam ou falseiem os fatos ou a sua comunicação" e "a utilização de matérias que possam ser comprovadas como falsas (*fake news*)".[133]

Veja-se que a legislação traz a preocupação com a desinformação de modo a vetá-la do tempo a que os partidos têm acesso de forma gratuita no rádio e na televisão. A nova lei, portanto, mostra-se em consonância com as preocupações atuais e os debates acadêmicos. O cuidado com a desinformação torna-se necessário, pois o descumprimento à vedação autoriza o Ministério Público Eleitoral e outros partidos políticos a proporem representação[134] com vistas a cassar o tempo do partido infrator no semestre seguinte, sendo a sanção de duas a cinco vezes a duração da inserção ilícita.[135]

A forma de cumprimento da sanção, contudo, pode tornar-se desarrazoada, pois a perda do tempo ocorrerá apenas no semestre seguinte, distante do fato, e não impõe o esclarecimento acerca da desinformação propagada. Por exemplo, se na última inserção do semestre

---

[132] "Art. 50-B (...) §2º. Do tempo total disponível para o partido político, no mínimo 30% (trinta por cento) deverão ser destinados à promoção e à difusão da participação política das mulheres" (BRASIL, 1997).

[133] "Art. 50-B (...) §4º. Ficam vedadas nas inserções: (...) III - a utilização de imagens ou de cenas incorretas ou incompletas, de efeitos ou de quaisquer outros recursos que distorçam ou falseiem os fatos ou a sua comunicação; IV - a utilização de matérias que possam ser comprovadas como falsas (*fake news*) (...) " (BRASIL, 1997).

[134] "Art. 50-B (...) §6º. A representação, que poderá ser oferecida por partido político ou pelo Ministério Público Eleitoral, será julgada pelo Tribunal Superior Eleitoral quando se tratar de inserções nacionais e pelos Tribunais Regionais Eleitorais quando se tratar de inserções transmitidas nos Estados correspondentes" (BRASIL, 1997).

[135] "Art. 50-B (...) §5.º Tratando-se de propaganda partidária no rádio e na televisão, o partido político que descumprir o disposto neste artigo será punido com a cassação do tempo equivalente a 2 (duas) a 5 (cinco) vezes o tempo da inserção ilícita, no semestre seguinte" (BRASIL, 1997).

um partido divulgar em sua propaganda conteúdo falso, a sanção será aplicada tão somente no final do semestre seguinte. Em ano de eleição isso ocorrerá, provavelmente, após o pleito, ferindo a igualdade.

Importante destacar que a propaganda partidária não é exercível exclusivamente por meio do direito de antena, sendo que os partidos podem difundir suas propostas, projetos, ideais, programas por meio de eventos, reuniões, livros, cartilhas, sites, redes sociais, sendo autorizado, inclusive, o impulsionamento de conteúdo na internet.

Outra modalidade de propaganda política é a propaganda intrapartidária. Mais restrita que a anterior, é exercida exclusivamente por filiadas e filiados dos partidos políticos e direcionada a correligionárias e correligionários no período de escolha das candidaturas. Nas palavras de Jair Eduardo Santana e Fábio Luís Guimarães, consiste na propaganda "feita pelos 'candidatos a candidato' junto aos seus correligionários, sempre visando à convenção".[136] Djalma Pinto explica que é "aquela facultada aos filiados que pretenderem disputar, na convenção do respectivo partido, a indicação do seu nome como candidato".[137]

Esse tipo de propaganda está previsto no §1º do artigo 36 da Lei nº 9.504/1997[138] e pode ser veiculado em período restrito, limitado aos 15 dias anteriores à convenção partidária.[139] Por se tratar de modalidade direcionada a público limitado, é vedado o uso de mídias de massa como rádio, televisão e *outdoor*. Apesar de a lei não restringir, entende-se que a utilização da internet se restringe ao âmbito partidário, ou seja, seria permitida a publicação da propaganda em grupo privado de rede social ou de mensageria com integrantes do partido, mas não a postagem ampla acessível a todo o eleitorado. Nesse caso, a propaganda intrapartidária dirigida ao público em geral caracteriza propaganda eleitoral extemporânea e atrai a aplicação da multa prevista no artigo 36, parágrafo 3º, da Lei das Eleições.[140]

---

[136] SANTANA; GUIMARÃES, 2012, p. 120.
[137] PINTO, 2010, p. 276.
[138] "Art. 36. A propaganda eleitoral somente é permitida após o dia 15 de agosto do ano da eleição. §1º. Ao postulante a candidatura a cargo eletivo é permitida a realização, na quinzena anterior à escolha pelo partido, de propaganda intrapartidária com vista à indicação de seu nome, vedado o uso de rádio, televisão e *outdoor*" (BRASIL, 1997).
[139] "Art. 36. A propaganda eleitoral somente é permitida após o dia 15 de agosto do ano da eleição. §1º. Ao postulante a candidatura a cargo eletivo é permitida a realização, na quinzena anterior à escolha pelo partido, de propaganda intrapartidária com vista à indicação de seu nome, vedado o uso de rádio, televisão e *outdoor*" (BRASIL, 1997).
[140] "Art. 36. (...) §3º. A violação do disposto neste artigo sujeitará o responsável pela divulgação da propaganda e, quando comprovado o seu prévio conhecimento, o beneficiário à multa

O terceiro tipo de propaganda política é a propaganda eleitoral. Raquel Machado a conceitua como "aquela desenvolvida pelo candidato com a finalidade de ganhar as eleições e conquistar o direito ao mandato. É direcionada, portanto, à conquista do voto do eleitor".[141] José Jairo Gomes explica que pode ser realizada tanto por partidos políticos quanto por candidatos, e tem por finalidade "captar votos do eleitorado para investidura em cargo público-eletivo". Ele a define como a propaganda "preparada para influir na vontade do eleitor, em que a mensagem é orientada à atração e conquista de votos".[142] Por fim, Diogo Rais explica que o objetivo dela é "utilizar ferramentas físicas e virtuais para propagar ideias e difundir as crenças do candidato, assim, persuadindo o eleitorado".[143]

Para as candidaturas que disputam a reeleição, a propaganda eleitoral também tem por finalidade a apresentação e a exaltação das suas realizações no mandato anterior.

Esse tipo de propaganda somente pode ser realizado após o término do período de registro de candidaturas, ou seja, tem início a partir de 16 de agosto do ano da eleição.[144] Diogo Rais aponta que a restrição decorre da busca pelo controle e pela isonomia entre as candidaturas, e, mesmo quando autorizada, sofre inúmeras limitações de ordem material, formal e temporal.[145]

Ou seja, atualmente, no âmbito do primeiro turno, as candidaturas possuem cerca de 45 dias para apresentar ao eleitorado seus pedidos de voto, período esse compreendido entre o dia 16 de agosto até a véspera da eleição, que ocorre no primeiro domingo de outubro. As propostas, projetos, ideias, qualidades das futuras candidatas e candidatos, contudo, podem ser divulgadas no período de pré-campanha, sendo a única vedação dessa fase o pedido explícito de voto.

Entende-se por pré-campanha "a fase pré-eleitoral em que são realizados atos preparatórios à campanha tanto por apoiadores, pré-candidatos quanto por partidos políticos". Ela se dá no período antes do registro das candidaturas e das convenções, sem, contudo, ter termo

---

no valor de R$ 5.000,00 (cinco mil reais) a R$ 25.000,00 (vinte e cinco mil reais), ou ao equivalente ao custo da propaganda, se este for maior" (BRASIL, 1997).
[141] MACHADO, 2018, p. 279.
[142] GOMES2020, p. 715.
[143] RAIS, 2018a, p. 46.
[144] Vide artigo 36 da Lei nº 9.504 (BRASIL, 1997).
[145] RAIS, 2018a, p. 43.

inicial definido. Seu objetivo é "apresentar futura candidatura, divulgar qualidades e propostas dos pré-candidatos e dos seus respectivos partidos, vedado o pedido explícito de voto".[146]

Nesse ponto, a literalidade da lei acaba por afastar da possibilidade de apreciação pelo judiciário inúmeras situações que beiram a propaganda antecipada. Contudo, o Tribunal Superior Eleitoral tem entendimento de que o uso de "palavras mágicas" como "apoiar", "eleger", "precisa ganhar", "continuar nos representando" atraem a ilegalidade.[147]

Por outro lado, a infração aos limites materiais, temporais e formais pode resultar na propaganda antecipada, considerada ilícita e, assim, passível de remoção aliada a multa no valor de R$ 5.000,00 a R$ 25.000,00, ou ao equivalente ao custo da propaganda, se este for maior.[148]

A legislação regulamenta a propaganda eleitoral nos artigos 240 a 256 do Código Eleitoral e nos artigos 36 a 57 da Lei das Eleições.[149] Relevante destacar que a cada eleição o Tribunal Superior Eleitoral edita resoluções, com fundamento no artigo 23, IX do Código Eleitoral e do artigo 105 da Lei nº 9.504/1997, que têm – ou deveriam ter – caráter regulamentar e não podem restringir direitos ou estabelecer sanções distintas das previstas em lei.

Contudo, apesar da disposição legal expressa, no afã de oferecer uma resposta às demandas atuais não amparadas pela legislação, por vezes o Tribunal Superior Eleitoral extrapola sua competência e cria novas regras, como é o caso do artigo 9º da Resolução nº 23.610/2019, o qual estabelece uma nova hipótese de inversão do ônus da prova

---

[146] PORTELLA, 2020, p. 559-560.

[147] Nesse sentido, os acórdãos proferidos pelo Tribunal Superior Eleitoral nos autos nº 0600012-29.2020.6.26.0002, em 18 de novembro de 2021; nos autos nº 0600081-66.2020.6.19.0225, em 23 de setembro de 2021; nos autos nº 0600047-48.2020.6.17.0128 e nº 0600094-23.2020.6.08.0047, em 9 de setembro de 2021; nos autos nº 0600022-72.2020.6.17.0051 e nº 0600065-86.2020.6.19.0072, em 2 de setembro 2021; nos autos nº 0600063-81.2020.6.13.0267 e 0600001-42.2020.6.03.0001, em 19 de agosto de 2021; nos autos nº 0600071-72.2020.6.05.0205, em 4 de junho de 2021; nos autos nº 0600033-26.2018.6.10.0000, em 14 de novembro de 2019; nos autos nº 0604269-69.2018.6.19.0000, em 1 de outubro de 2019; nos autos nº 0600820-06.2018.6.19.0000 e nos autos nº 0600484-02.2018.6.19.0000, em 27 de agosto de 2019; e nos autos nº 0000029-31.2016.6.19.0138, em 30 de outubro 2018. Todos disponíveis para consulta em: https://www.tse.jus.br/jurisprudencia/decisoes/jurisprudencia.

[148] "Art. 36. A propaganda eleitoral somente é permitida após o dia 15 de agosto do ano da eleição. (...) §3º A violação do disposto neste artigo sujeitará o responsável pela divulgação da propaganda e, quando comprovado o seu prévio conhecimento, o beneficiário à multa no valor de R$ 5.000,00 (cinco mil reais) a R$ 25.000,00 (vinte e cinco mil reais), ou ao equivalente ao custo da propaganda, se este for maior" (BRASIL, 1997).

[149] BRASIL, 1997.

não prevista em lei. A resolução impõe à candidata, ao candidato, ao partido, à federação ou à coligação a verificação da presença de elementos que permitam concluir, com razoável segurança, pela fidedignidade da informação.[150]

A propaganda eleitoral é pautada por princípios que a orientam e auxiliam a sua compreensão. José Jairo Gomes elenca oito deles: (i) legalidade, (ii) liberdade para realização da propaganda, (iii) liberdade de expressão e comunicação, (iv) liberdade de informação, (v) veracidade, (vi) igualdade ou isonomia, (vii) responsabilidade, (viii) controle judicial.[151] Olivar Coneglian traz: (i) disponibilidade (ii) e proporcionalidade.[152] Diogo Rais, ao abordar os princípios aplicáveis ao Direito Eleitoral, aponta também o da vedação ao anonimato.[153]

São, portanto, 11 princípios que podem suscintamente passamos a elucidar:

1. *Legalidade* – a propaganda eleitoral somente pode ser produzida e veiculada nos termos da lei. Tudo o que for realizado fora dos limites legais é passível de remoção e, a depender do caso, sanções pecuniárias ou de perda de tempo no horário eleitoral gratuito. A lei passível de restringir a propaganda é de competência federal, aplica-se igualmente em todo o território nacional tanto para as eleições gerais, quanto para as municipais.

2. *Liberdade para realização da propaganda* – salvo as restrições legais, a propaganda pode ser realizada de modo pleno e livre, não sendo passível de censura prévia. Igualmente, a propaganda eleitoral não depende de licença municipal nem de autorização de autoridade policial.

3. *Liberdade de expressão e comunicação* – o princípio é corolário da Constituição de 1988 e deriva do artigo 5º, incisos IV, IX e XIV, assim como do artigo 220, §§1º e 2º. Diz respeito ao

---
[150] "9º. A utilização, na propaganda eleitoral, de qualquer modalidade de conteúdo, inclusive veiculado por terceiros, pressupõe que a candidata, o candidato, o partido, a federação ou a coligação tenha verificado a presença de elementos que permitam concluir, com razoável segurança, pela fidedignidade da informação, sujeitando-se as pessoas responsáveis ao disposto no art. 58 da Lei nº 9.504/1997, sem prejuízo de eventual responsabilidade penal. (Redação dada pela Resolução nº 23.671/2021)" (BRASIL, 2019b).
[151] GOMES, 2020, p. 716-718.
[152] CONEGLIAN, 2016.
[153] RAIS, 2018a.

conteúdo da propaganda e garante que seja pautada pelo livre fluxo de ideias, pensamentos, opiniões e críticas. No entanto, a liberdade de expressão, no direito brasileiro, não é absoluta.

4. *Liberdade de informação* – como visto no item 2.3, o eleitorado tem o direito de direito a receber as informações de todas as candidaturas para formarem o juízo de convencimento acerca das possibilidades. A condição de pessoa pública de quem se coloca à disposição nas urnas mitiga seus direitos à privacidade e intimidade.

5. *Veracidade* – diretamente ligado ao tema da desinformação, o princípio da veracidade impõe que a propaganda reflita fatos verdadeiros, possibilitada a divulgação de opiniões e críticas.

6. *Igualdade ou isonomia* – os partidos e candidaturas devem possuir igualdade de armas na concorrência do certame. Contudo, esse princípio é materialmente ferido quando da distribuição dos recursos públicos – tanto o Fundo Especial de Financiamento de Campanha quanto do Fundo Partidário – e do tempo do horário eleitoral gratuito na televisão e no rádio.

7. *Responsabilidade* – toda propaganda é de responsabilidade de alguém que responde civil, criminal e administrativamente pela sua forma, conteúdo e excessos. A rigor, a responsabilidade é da candidatura, do partido ou da coligação que veiculou a propaganda e, eventualmente, do veículo e o agente da comunicação. Será solidária a responsabilidade quando configurados excessos.

8. *Controle judicial* – à Justiça Eleitoral é concedido o poder de polícia, que se traduz na possibilidade de controlar a propaganda já veiculada a fim de coibir abusos em benefício da ordem pública. Tal função é exercida no âmbito administrativo da Justiça Eleitoral e não se confunde com o controle jurisdicional que demanda a provocação do juízo.

9. *Disponibilidade* – os partidos, coligações e as candidaturas têm direito à propaganda política lícita, sem necessidade de licença de qualquer modo. Aproxima-se, assim, do princípio da liberdade para realização da propaganda.

10. *Proporcionalidade* – diretamente ligado com o princípio da isonomia, estabelece que os partidos com maior representatividade no congresso recebem mais recursos financeiros de origem pública e tempo referente ao direito de antena.
11. *Vedação ao anonimato* – como dito antes, a liberdade de expressão no Brasil não é absoluta e um dos seus limitadores é o anonimato, previsto no artigo 5º, inciso IV, da Constituição de 1988. Na seara eleitoral, a vedação ao anonimato se dá diante da necessidade de preservar, para além da liberdade de expressão e de pensamento, a lisura das eleições, "sob pena de o anonimato abrigar condutas irregulares em propaganda, bem como notícias falsas que prejudiquem o processo eleitoral ou mesmo interfiram na normalidade e na legitimidade das eleições".[154]

Como dito, a propaganda eleitoral está regulamentada no Código Eleitoral e na Lei nº 9.504/1997. A legislação estabelece regras gerais aplicáveis a toda forma de propaganda eleitoral e, também, especifica suas modalidades com regras específicas. Ainda, a cada eleição, o Tribunal Superior Eleitoral edita resoluções que as regulam.

Dentre as normas gerais temos a obrigatoriedade de menção à legenda partidária responsável pela candidatura –[155] em caso de coligação e de federação, todos os partidos que as integram –,[156] e ao nome de vice e suplentes nas candidaturas majoritárias,[157] de utilização da língua nacional.

---

[154] RAIS, 2018a, p. 33.
[155] "Art. 242. A propaganda, qualquer que seja a sua forma ou modalidade, mencionará sempre a legenda partidária e só poderá ser feita em língua nacional, não devendo empregar meios publicitários destinados a criar, artificialmente, na opinião pública, estados mentais, emocionais ou passionais" (BRASIL, 1965).
[156] "Art. 6º É facultado aos partidos políticos, dentro da mesma circunscrição, celebrar coligações para eleição majoritária. (...) §2º Na propaganda para eleição majoritária, a coligação usará, obrigatoriamente, sob sua denominação, as legendas de todos os partidos que a integram; na propaganda para eleição proporcional, cada partido usará apenas sua legenda sob o nome da coligação. Art. 6º-A Aplicam-se à federação de partidos de que trata o art. 11-A da Lei nº 9.096, de 19 de setembro de 1995 (Lei dos Partidos Políticos), todas as normas que regem as atividades dos partidos políticos no que diz respeito às eleições, inclusive no que se refere à escolha e registro de candidatos para as eleições majoritárias e proporcionais, à arrecadação e aplicação de recursos em campanhas eleitorais, à propaganda eleitoral, à contagem de votos, à obtenção de cadeiras, à prestação de contas e à convocação de suplentes" (BRASIL, 1997).
[157] "Art. 36. A propaganda eleitoral somente é permitida após o dia 15 de agosto do ano da eleição.(...) §4º Na propaganda dos candidatos a cargo majoritário deverão constar, também,

As proibições incluem o emprego de "meios publicitários destinados a criar, artificialmente, na opinião pública, estados mentais, emocionais ou passionais",[158] a veiculação de qualquer tipo de propaganda em "bens cujo uso dependa de cessão ou permissão do poder público, ou que a ele pertençam, e nos bens de uso comum, inclusive postes de iluminação pública, sinalização de tráfego, viadutos, passarelas, pontes, paradas de ônibus e outros equipamentos urbanos",[159] e o pagamento para a veiculação em bens particulares,[160] que se pressupõe deva decorrer de "um ato de simpatia ou adesão voluntária do proprietário ou possuidor do bem utilizado em relação ao partido ou candidato".[161]

Merece atenção a proibição trazida pelo artigo 242 de uso de meios publicitários destinados a criar, artificialmente, na opinião pública, estados mentais, emocionais ou passionais. Isso porque a regra nasceu em meio a ditadura militar e visava a "evitar que a sociedade fosse encorajada a enfrentar a Ditadura, tornando primordial limitar a veiculação de informações e as candidaturas".[162]

Apesar de o dispositivo ainda estar em vigor, é necessário interpretá-lo à luz da constituição democrática e privilegiar a liberdade de expressão, em vez da censura. A propaganda tem por essência o convencimento e, portanto, criará, em maior ou menor grau, emoções e paixões em quem a assiste. Imaginar uma campanha eleitoral como espaço asséptico é desconhecer a realidade.

O artigo 243 do Código Eleitoral[163] também veda determinadas formas de veiculação e conteúdo da propaganda eleitoral. Assim,

---

os nomes dos candidatos a vice ou a suplentes de senador, de modo claro e legível, em tamanho não inferior a 30% (trinta por cento) do nome do titular " (BRASIL, 1997).

[158] Vide artigo 242 do Código Eleitoral (BRASIL, 1965).

[159] "Art. 37. Nos bens cujo uso dependa de cessão ou permissão do poder público, ou que a ele pertençam, e nos bens de uso comum, inclusive postes de iluminação pública, sinalização de tráfego, viadutos, passarelas, pontes, paradas de ônibus e outros equipamentos urbanos, é vedada a veiculação de propaganda de qualquer natureza, inclusive pichação, inscrição a tinta e exposição de placas, estandartes, faixas, cavaletes, bonecos e assemelhados" (BRASIL, 1997).

[160] "Art. 37 (...) §8º A veiculação de propaganda eleitoral em bens particulares deve ser espontânea e gratuita, sendo vedado qualquer tipo de pagamento em troca de espaço para esta finalidade" (BRASIL, 1997).

[161] ZILIO, 2016, p. 360.

[162] ABREU, 2018, p. 24.

[163] "Art. 243 – Não será tolerada propaganda: I - de guerra, de processos violentos para subverter o regime, a ordem política e social ou de preconceitos de raça ou de classes; II - que provoque animosidade entre as forças armadas ou contra elas, ou delas contra as classes e instituições civis; III - de incitamento de atentado contra pessoa ou bens; IV - de instigação à desobediência coletiva ao cumprimento da lei de ordem pública; V - que implique

é vedada a propagada que, dentre outros, instigue a guerra, o preconceitos de raça ou de classes, que provoque animosidade entre as forças armadas ou contra elas, ou delas contra as classes e instituições civis. Ainda no contexto ditatorial, o inciso VI proíbe a propaganda "que perturbe o sossego público, com algazarra ou abusos de instrumentos sonoros ou sinais acústicos". Veja-se que, mais uma vez, a intenção era manter a população apática e sob o controle do governo, para evitar qualquer tipo de mobilização contrária ao regime.

Outra vedação do artigo 243, em seu inciso VIII, é à propaganda "que prejudique a higiene e a estética urbana ou contravenha a posturas municiais ou a outra qualquer restrição de direito". A primeira parte do inciso foi confirmada pela redação dada, pela Lei nº 11.300, de 2006 e confirmada pelas Leis nº 12.891, de 2013, e nº 13.165, de 2015, ao artigo 37 da Lei das Eleições. No entanto, a segunda parte vai de encontro com o artigo 41 da Lei das Eleições, que dispõe que a "propaganda exercida nos termos da legislação eleitoral não poderá ser objeto de multa nem cerceada sob alegação do exercício do poder de polícia ou de violação de postura municipal".

De igual maneira, há proibição da propaganda "que caluniar, difamar ou injuriar quaisquer pessoas, bem como órgãos ou entidades que exerçam autoridade pública". Como visto, a liberdade de expressão não é direito absoluto e deve ser limitado em casos de abuso.

Por fim, a Reforma Eleitoral de 2021, por meio da Lei nº 14.192, proibiu a propaganda "que deprecie a condição de mulher ou estimule sua discriminação em razão do sexo feminino, ou em relação à sua cor, raça ou etnia". Tal regra se coaduna com as medidas legais de incentivo à participação feminina na política por meio das ações afirmativas.

A lei igualmente proíbe "o uso, na propaganda eleitoral, de símbolos, frases ou imagens, associadas ou semelhantes às empregadas por órgãos de governo, empresa pública ou sociedade de economia mista".[164]

---

em oferecimento, promessa ou solicitação de dinheiro, dádiva, rifa, sorteio ou vantagem de qualquer natureza; VI - que perturbe o sossego público, com algazarra ou abusos de instrumentos sonoros ou sinais acústicos; VII - por meio de impressos ou de objeto que pessoa inexperiente ou rústica possa confundir com moeda; VIII - que prejudique a higiene e a estética urbana ou contravenha a posturas municiais ou a outra qualquer restrição de direito; IX - que caluniar, difamar ou injuriar quaisquer pessoas, bem como órgãos ou entidades que exerçam autoridade pública. X - que deprecie a condição de mulher ou estimule sua discriminação em razão do sexo feminino, ou em relação à sua cor, raça ou etnia" (BRASIL, 1965).

[164] BRASIL, 1997.

A infração dessas e das demais vedações enseja a imposição de sanções tais quais multa,[165] remoção da propaganda,[166] perda do direito à veiculação,[167] perda de tempo no horário eleitoral gratuito.[168]

Partindo para as modalidades de propaganda, esta pode ser realizada no rádio e na televisão durante o horário eleitoral gratuito, na internet, na imprensa escrita, por meio de comícios, amplificadores de som, material impresso de campanha.

Tendo em vista que os meios em que mais se observa a proliferação de desinformação é a propaganda na internet, optamos por descrever com maiores detalhes essa modalidade. Além disso, a internet tem grande potencial de influenciar "a natureza das relações de

---

[165] "Art. 36. A propaganda eleitoral somente é permitida após o dia 15 de agosto do ano da eleição. (...) §3º A violação do disposto neste artigo sujeitará o responsável pela divulgação da propaganda e, quando comprovado o seu prévio conhecimento, o beneficiário à multa no valor de R$ 5.000,00 (cinco mil reais) a R$ 25.000,00 (vinte e cinco mil reais), ou ao equivalente ao custo da propaganda, se este for maior. (...) Art. 37. Nos bens cujo uso dependa de cessão ou permissão do poder público, ou que a ele pertençam, e nos bens de uso comum, inclusive postes de iluminação pública, sinalização de tráfego, viadutos, passarelas, pontes, paradas de ônibus e outros equipamentos urbanos, é vedada a veiculação de propaganda de qualquer natureza, inclusive pichação, inscrição a tinta e exposição de placas, estandartes, faixas, cavaletes, bonecos e assemelhados. §1º A veiculação de propaganda em desacordo com o disposto no caput deste artigo sujeita o responsável, após a notificação e comprovação, à restauração do bem e, caso não cumprida no prazo, a multa no valor de R$ 2.000,00 (dois mil reais) a R$ 8.000,00 (oito mil reais). (...) Art. 43. São permitidas, até a antevéspera das eleições, a divulgação paga, na imprensa escrita, e a reprodução na internet do jornal impresso, de até 10 (dez) anúncios de propaganda eleitoral, por veículo, em datas diversas, para cada candidato, no espaço máximo, por edição, de 1/8 (um oitavo) de página de jornal padrão e de 1/4 (um quarto) de página de revista ou tabloide. (...) §2º A inobservância do disposto neste artigo sujeita os responsáveis pelos veículos de divulgação e os partidos, coligações ou candidatos beneficiados a multa no valor de R$ 1.000,00 (mil reais) a R$ 10.000,00 (dez mil reais) ou equivalente ao da divulgação da propaganda paga, se este for maior" (BRASIL, 1997).

[166] "Art. 39. A realização de qualquer ato de propaganda partidária ou eleitoral, em recinto aberto ou fechado, não depende de licença da polícia. (...) §8º É vedada a propaganda eleitoral mediante outdoors, inclusive eletrônicos, sujeitando-se a empresa responsável, os partidos, as coligações e os candidatos à imediata retirada da propaganda irregular e ao pagamento de multa no valor de R$ 5.000,00 (cinco mil reais) a R$ 15.000,00 (quinze mil reais)" (BRASIL, 1997).

[167] "Art. 53. Não serão admitidos cortes instantâneos ou qualquer tipo de censura prévia nos programas eleitorais gratuitos. §1º É vedada a veiculação de propaganda que possa degradar ou ridicularizar candidatos, sujeitando-se o partido ou coligação infratores à perda do direito à veiculação de propaganda no horário eleitoral gratuito do dia seguinte" (BRASIL, 1997).

[168] "Art. 55. Na propaganda eleitoral no horário gratuito, são aplicáveis ao partido, coligação ou candidato as vedações indicadas nos incisos I e II do art. 45. Parágrafo único. A inobservância do disposto neste artigo sujeita o partido ou coligação à perda de tempo equivalente ao dobro do usado na prática do ilícito, no período do horário gratuito subsequente, dobrada a cada reincidência, devendo o tempo correspondente ser veiculado após o programa dos demais candidatos com a informação de que a não veiculação do programa resulta de infração da lei eleitoral" (BRASIL, 1997).

representação política entre elites e cidadãos, bem como o funcionamento das instituições representativas".[169]

A internet difere dos demais meios de propaganda pois permite maior interação entre as candidaturas e o eleitorado. Torna-se um espaço em que "o papel entre emissor e receptor não é tão estanque e sequer tão distante um do outro".[170] Contudo, devemos ter em mente que a propaganda eleitoral é caracterizada pela iniciativa das candidaturas, dos partidos e das coligações. Assim, manifestações individuais e espontâneas do eleitorado, sejam elas positivas ou negativas, não configuram propaganda eleitoral na internet.

Desde 2009 a propaganda na internet possui regulamentação específica na Lei nº 9.504/1997, tendo sido bastante alterada em 2017 pela Lei nº 13.488. Essa reforma introduziu a autorização do impulsionamento de conteúdo pelas candidaturas, pelos partidos e pelas coligações, vedando a quaisquer outras pessoas a contratação. A lei definiu, no parágrafo 2º do artigo 26, o impulsionamento como "a priorização paga de conteúdos resultantes de aplicações de busca na internet". A Resolução nº 23.610/2019 do Tribunal Superior Eleitoral, por sua vez, esmiúça o conceito e entende por impulsionamento de conteúdo "o mecanismo ou serviço que, mediante contratação com os provedores de aplicação de internet, potencializem o alcance e a divulgação da informação para atingir usuários que, normalmente, não teriam acesso ao seu conteúdo".

A resolução equipara ao impulsionamento os links patrocinados, considerados "as formas de impulsionamento a priorização paga de conteúdos resultantes de aplicações de busca na internet",[171] sendo, portanto, permitidos.[172] Para utilizar essas ferramentas, contudo, é necessária a identificação inequívoca de que o conteúdo foi impulsionado, ou seja, que houve pagamento para aumentar o seu alcance, o que, desde 2018, tem sido facilitado pelas redes sociais Facebook e Instagram, as quais criaram um rótulo específico.[173]

Outra exigência é que o impulsionamento seja contratado diretamente "do provedor da aplicação de internet com sede e foro no País, ou de sua filial, sucursal, escritório, estabelecimento ou representante legalmente estabelecido no País e apenas com o fim de promover ou

---

[169] BRAGA; ROCHA; VIEIRA, 2021.
[170] RAIS, 2018a, p. 43.
[171] BRASIL, 2019b
[172] RAIS, 2018a, p. 52.
[173] META PARA EMPRESAS, [2021].

beneficiar candidatos ou suas agremiações".[174] O Tribunal Superior Eleitoral interpreta a regra como vedação ao impulsionamento de propaganda negativa.[175] Esta consiste na propaganda que "busca exaltar os pontos depreciativos de determinado candidato, podendo referir-se às características pessoais ou políticas".[176]

Ocorre que, ao atacar e criticar candidatura adversária e reduzir seu apreço pelo eleitorado, ainda que indiretamente, beneficia quem divulga a propaganda. Essa lógica é mais evidente em condições de disputas diretas, como ocorre no segundo turno. Assim, atacar a candidatura adversária pode ser benéfico e, portanto, deve ser passível de impulsionamento.

Para além do impulsionamento, a propaganda na internet deve ser gratuita e pode ser realizada (i) em sítio do candidato, do partido ou da coligação com endereço eletrônico comunicado à Justiça Eleitoral e hospedado, direta ou indiretamente, em provedor de serviço de internet estabelecido no país, (ii) por meio de mensagem eletrônica para endereços cadastrados gratuitamente pelo candidato, partido ou coligação e (iii) por meio de blogs, redes sociais, sítios de mensagens instantâneas e aplicações de internet assemelhadas cujo conteúdo seja gerado ou editado por candidatos, partidos ou coligações ou qualquer pessoa natural, desde que não contrate impulsionamento de conteúdo.[177] Veja-se que, à exceção de páginas dos partidos políticos, é proibida a propaganda em sítios de pessoas jurídicas, e os perfis de redes sociais e os sites das candidaturas dos partidos e das coligações devem ser comunicados à Justiça Eleitoral no momento do registro.

Por fim, a última modalidade de propaganda política é a publicidade institucional. Nas palavras de José Jairo Gomes, "trata-se da comunicação que o Estado, a Administração Pública e seus órgãos estabelecem com a sociedade",[178] e tem por característica ser autorizada por agente público e custeada com recursos também públicos. Assim, apesar de se distinguir das demais modalidades, por não se caracterizar como propaganda com o intuito de convencimento, busca a informação da população acerca das realizações do Estado, sendo por isso espécie da propaganda política.

---

[174] BRASIL, 1997.
[175] BRASIL, 2021a.
[176] RAIS, 2018a, p. 64.
[177] BRASIL, 1997.
[178] GOMES, 2020, p. 712.

Ela origina do princípio da publicidade, estabelecido no artigo 37 da Constituição Federal de 1988, e "deverá ter caráter educativo, informativo ou de orientação social, dela não podendo constar nomes, símbolos ou imagens que caracterizem promoção pessoal de autoridades ou servidores públicos".[179]

Esse tipo de propaganda não pode ser confundido com a promoção pessoal dos agentes políticos, o que é vedado pelo ordenamento. Não à toa que a legislação instituiu restrições para a sua realização, a fim de evitar o abuso de poder e criar vantagem desleal das candidaturas que buscam a reeleição. Tais restrições são chamadas de condutas vedadas e se encontram no artigo 73 da Lei nº 9.504/1997. A primeira delas, prevista na alínea b do inciso VI, é a proibição de autorizar, nos três meses que antecedem o pleito, "publicidade institucional dos atos, programas, obras, serviços e campanhas dos órgãos públicos federais, estaduais ou municipais, ou das respectivas entidades da administração indireta, salvo em caso de grave e urgente necessidade pública, assim reconhecida pela Justiça Eleitoral".[180] O segundo consiste na vedação a "realizar, no primeiro semestre do ano de eleição, despesas com publicidade dos órgãos públicos federais, estaduais ou municipais, ou das respectivas entidades da administração indireta, que excedam a média dos gastos no primeiro semestre dos três últimos anos que antecedem o pleito".[181] Também é "proibido a qualquer candidato comparecer, nos 3 (três) meses que precedem o pleito, a inaugurações de obras públicas".[182]

O descumprimento das normas, além de caracterizarem ato de improbidade administrativa[183] e acarretar a imediata suspensão da conduta vedada e possibilitar a aplicação de multa,[184] ainda sujeita

---

[179] Artigo 37, §1º (BRASIL, 1988).
[180] Artigo 73, VI, b (BRASIL, 1988).
[181] Artigo 73, VII (BRASIL, 1997).
[182] Artigo 77, VII (BRASIL, 1997).
[183] "Art. 73. São proibidas aos agentes públicos, servidores ou não, as seguintes condutas tendentes a afetar a igualdade de oportunidades entre candidatos nos pleitos eleitorais: (...) §7º As condutas enumeradas no *caput* caracterizam, ainda, atos de improbidade administrativa, a que se refere o art. 11, inciso I, da Lei nº 8.429, de 2 de junho de 1992, e sujeitam-se às disposições daquele diploma legal, em especial às cominações do art. 12, inciso III" (BRASIL, 1997).
[184] "Art. 73. (...) §4º O descumprimento do disposto neste artigo acarretará a suspensão imediata da conduta vedada, quando for o caso, e sujeitará os responsáveis a multa no valor de cinco a cem mil UFIR" (BRASIL, 1997).

o candidato e a candidata beneficiados à cassação do registro ou do diploma.[185]

Temos, portanto, que a propaganda política é gênero de quatro espécies distintas e peculiares que interessam o direito eleitoral, e, devido à sua relevância na construção do debate democrático, devem ser regulamentadas a fim de preservar a isonomia entre as candidaturas e receber tratamento preferencial, diante da sua importância como mecanismo de implementação do direito à informação.

3.2 Desinformação

Desde as eleições gerais de 2018, a desinformação – popularmente chamada de *fake news* – ganhou notoriedade no cenário brasileiro e passou a ser tema corriqueiro de conversas populares, de debates acadêmicos, de notícias jornalísticas, e atraiu atenção dos três poderes: Executivo,[186] Legislativo[187] e Judiciário.[188] Contudo, a prática não é recente.[189]

No Brasil, 92% da população demonstra preocupação sobre o que é real e o que é falso na internet, aponta pesquisa desenvolvida pela GlobeScan a pedido da BBC World Service.[190]

A mentira é uma antiga companheira da humanidade, seja nas relações microssociais, seja nas macrossociais. Podemos achar traços de sua autoria desde os primeiros textos que tratam sobre a origem do universo, os chamados escritos cosmogônicos,[191] ou nos principais poemas escritos sobre a constituição das cidades.

Encontramos a mentira deliberada, que busca benefício próprio, na *Odisseia*, poema de Homero que narra a proeza de Ulisses, que recebeu de Atena, deusa da sabedoria, a ideia de presentear os troianos com um grande cavalo feito de madeira oca cujo interior estaria repleto de soldados prontos a atacar. O ato ficou popularmente conhecido como

---

[185] "Art. 73. (...) §5º. Nos casos de descumprimento do disposto nos incisos do caput e no §10, sem prejuízo do disposto no §4º, o candidato beneficiado, agente público ou não, ficará sujeito à cassação do registro ou do diploma" (BRASIL, 1997).
[186] HIRABAHASI, 2021.
[187] BRASIL, 2019a; VIEIRA, 2020.
[188] FUX, 2018; BRASIL, 2020b.
[189] Nesse sentido: O'CONNOR; WEATHERALL, 2019; FARKAS; SCHOU, 2020; PENNYCOOK; RAND, 2019.
[190] GLOBESCAN, 2017.
[191] GARCIA ALVAREZ, 2016.

"Cavalo de Troia", e até hoje nos referimos a ele como "presente de grego".

Além das narrativas textuais para representação da vida e da sociedade, a ausência de verdade se faz objeto de observação dos filósofos do período clássico nos escritos realizados por Platão sobre os argumentos inverídicos das retóricas sofistas, contra-argumentados de modo irônico por Sócrates, bem como na sistematização proposta por Aristóteles em seus textos estritamente lógicos compostos de conhecimentos hermenêuticos, compilados da experiência alcançada pelo povo grego.

Ao avançarmos no tempo, nos séculos XV e XVI, deparamo-nos com a invenção da Prensa por Gutenberg (1439-1440) e a forma de governar estruturada por Maquiavel, na qual a finalidade é o poder, independentemente da verdade.[192]

Desde então, as inverdades começaram a ser reproduzidas de modo mecânico, idêntico e não mais moroso e singular, além de atingir um número cada vez maior de pessoas. De lá para cá, podemos dizer que a inverdade se disfarçou ainda mais, pois passou a ser estudada, adotada, elaborada e replicada. Tornou-se uma cúmplice cada vez mais utilizada como um modo para alcançar os objetivos e interesses de determinados grupos.

Ainda mais recentemente, durante a Primeira Grande Guerra, a mentira foi utilizada pelo governo britânico como um artifício deliberado e proposital de manipulação de massas. A técnica foi usada a partir de um escritório de propaganda de guerra em que criavam notícias sobre falsas atrocidades cometidas pelo exército alemão. A disseminação dessas mentiras era elaborada e incluía a manipulação de fotografias e a elaboração de histórias, redigidas em diversas línguas, distribuídas para a imprensa em diversos países. O propósito era inflar a moral das tropas e da população dos países aliados, ao mesmo tempo que criava dúvidas no exército e na população inimiga e principalmente nos países neutros para serem atraídos para o lado "bom" da guerra.[193]

O fenômeno não é recente, tampouco restrito. *Fake news*, desinformação, notícias falsas, mentiras, fatos alternativos, discurso de ódio, informação enviesada, conteúdo adulterado, câmaras de eco, bolhas de filtro: muitas são as feições dos distúrbios informacionais com as quais

---

[192] MAQUIAVEL, 1976.
[193] HISTÓRIA ONLINE, 2020.

nos deparamos atualmente. Igualmente volumosas são as tentativas de relacionar as espécies do distúrbio e conceituá-las.[194]

Alguns estudos optam por conceituar, especificamente, o termo *fake news*. Nesses casos, o exame parte da concepção de notícia e exige que o objeto da análise contenha características próprias de notícias jornalísticas e, de forma intencional, sejam capazes de enganar o público.[195]

O termo *fake news* ganhou notoriedade no âmbito mundial após as eleições presidenciais estadunidenses de 2016, em que o então candidato à presidência Donald Trump bradou para o repórter da CNN Jim Acosta que ele era *fake news*.[196] Naquele contexto, o uso indiscriminado do termo por Trump tinha o intuito de desmoralizar e descredibilizar jornalistas que divulgavam informações e notícias que não lhe agradavam.[197]

Nesse sentido, em 2017, o Dicionário Collins elegeu o termo *fake news* como a palavra daquele ano,[198] e classificou-a como um substantivo cujo significado consiste em "informações falsas, muitas vezes sensacionalistas, disseminadas sob o pretexto de reportagens".[199] A definição apontada pelo dicionário, pois, restringe-se à divulgação de conteúdo sabidamente inverídico como se fossem matérias jornalísticas.

O conceito, no entanto, mostra-se bastante literal e restritivo. Não à toa que o Tribunal Regional Eleitoral de Santa Catarina lançou, em 2018, a CAMPANHA de combate à desinformação intitulada "Se é *fake* não é *news*".[200] Com isso, pretendia-se incutir no público que se uma informação é falsa (*fake*) não pode ser considerada notícia (*news*), e portanto sua credibilidade deveria ser questionada.

O que comumente se chama *fake news*, portanto, não engloba todas as espécies do distúrbio informacional.

Ethan Zuckerman, por sua vez, classifica *fake news* de um modo diferente. Defende que o termo é vago e ambíguo, distinguindo três modalidades: (i) falso equilíbrio, que entende por notícias reais que não merecem nossa atenção, ou que a mídia enfatiza de um modo desproporcional e desnecessário; (ii) propaganda, aqui se refere ao discurso projetado para apoiar um partido em detrimento de outro; e (iii)

---

[194] GELFERT, 2018.
[195] SALGADO; PORTELLA, 2020.
[196] SAVRANSKY, 2017.
[197] GELFERT, 2018.
[198] COLLINS ENGLISH DICTIONARY, 2017b.
[199] Tradução livre de: "noun: false, often sensational, information disseminated under the guise of news reporting" (COLLINS ENGLISH DICTIONARY, [2017c]).
[200] SANTA CATARINA, [2021].

"desinformatzya", termo cunhado para descrever informações destinadas a semear dúvidas e aumentar a desconfiança nas instituições.[201]

Para fins deste trabalho, os dois últimos são os mais relevantes. A propaganda não deve ser entendida aqui como anúncio, do ponto de vista comercial, ou divulgação de fatos, tampouco como a abordada no item 3.1, mas sim como "a informação, muitas vezes imprecisa, que uma organização política pública ou transmite para influenciar as pessoas",[202] ou seja, que necessariamente tem conteúdo político e intenção de convencimento, não atendo-se à veracidade dos fatos.

A distinção é mais facilmente identificada na língua inglesa, que difere os termos *propaganda* e *advertisement*. A primeira se refere ao contexto político e presume que a informação repassada seja imprecisa,[203] enquanto a segunda, ao comercial.[204]

No conceito adotado por Zuckerman, a propaganda enquadra-se como *fake news* na medida em que mistura o discurso verdadeiro, o enganoso e o inteiramente falso com o objetivo de fortalecer quem a promove e enfraquecer o outro lado.

Por fim, apresenta a ideia de "disinformatzya". Essa, talvez, seja a classificação que merece maior atenção. Isso porque seu objetivo é poluir o ambiente informativo de modo a disseminar a insegurança e a desconfiança em todo e qualquer tipo de conteúdo. Assim, a "disinformatzya ajuda a reduzir a confiança em instituições de todos os tipos, levando as pessoas a se desligarem da política como um todo ou a colocarem sua confiança em líderes fortes que prometem superar o som e a fúria".[205]

Zuckerman então traz a ideia do "shitposting", que em português pode ser lido como "cagando postagem". O conceito traduz a enxurrada de mensagens publicadas nas redes sociais sem a intenção de convencer quem as lê, mas de frustrar a busca por uma discussão consistente sobre política na internet.

Igualmente interessante é o estudo desenvolvido por Edson C. Tandoc Jr., Zheng Wei Lim e Richard Ling. Nele os autores revisaram 34 artigos acadêmicos publicados entre os anos de 2003 e 2017 acerca

---

[201] ZUCKERMAN, 2017.
[202] COBUILD, 2017.
[203] COLLINS ENGLISH DICTIONARY, 2017d.
[204] COLLINS ENGLISH DICTIONARY, 2017a.
[205] Tradução livre de: "Disinformatyza helps reduce trust in institutions of all sorts, leading people either to disengage with politics as a whole or to put their trust in strong leaders who promise to rise above the sound and fury."

do termo *fake news* e encontraram seis formas pelas quais os estudos operacionalizaram o termo: (i) sátira, (ii) paródia, (iii) fabricação de notícias, (iv) manipulação de imagens, (v) publicidade e (vi) propaganda.[206]

A sátira, segundo os autores, consiste em programas de notícias declaradamente humorísticos que usam aquele espaço normalmente para fazer críticas políticas, econômicas ou sociais.

A paródia difere da sátira por apresentar informações sem relação com fatos verídicos. Em vez de comentar assuntos atuais de forma humorística, traz questões absurdas e as destaca, ao inventar notícias inteiramente fictícias.

A fabricação coincide com o conceito de *fake news* elaborado pelo dicionário *Collins*. A intenção aqui é disseminar conteúdo inverídico como se verdadeiro. Sua lesividade recai na dificuldade de checagem da informação e na divulgação por pessoas que emprestam à "notícia" sua credibilidade.

A manipulação de imagens consiste na deturpação de fotos ou vídeos reais para criar uma falsa narrativa, tal qual fez o governo britânico durante a Primeira Grande Guerra. Nesse ponto, o avanço da tecnologia possibilita a sofisticação das alterações, como é o caso das chamadas *deepfakes*, que mimetizam a voz e as feições de pessoas criando vídeos inverídicos.[207]

A publicidade é descrita como o resultado do trabalho de assessoria de comunicação e relações públicas, pois simulam matérias jornalísticas sem, contudo, ater-se ao mínimo da imparcialidade ou ter o cuidado de conferir outras versões. Outra característica é a busca por lucro com a matéria divulgada. Nesse sentido, trazem a ideia de *clickbaits*, ou seja, manchetes sensacionalistas com o propósito de atrair o clique de internautas.

Por fim, a propaganda refere-se a notícias que são criadas por uma entidade política para influenciar as percepções do público. O objetivo explícito é beneficiar uma figura pública, organização ou governo. O seu sentido equivale ao apresentado por Ethan Zuckerman e, mais uma vez, direciona ao campo da política, em distinção ao da compreensão comercial.

Contudo, até o momento, o mais próximo que se chegou de um consenso para fins acadêmicos foi a classificação apresentada por

---

[206] TANDOC; LIM; LING, 2017.
[207] A respeito de *deepfakes* consultar a obra RAIS; SALES, 2020, p. 25-52.

Claire Wardle, que divide a noção de *fake news* em "dis-information", "mis-information" e "mal-information",[208] termos traduzidos por Tatiana Dourado como desinformação, informação errada e informação maliciosa, respectivamente.[209] Cada uma dessas nomenclaturas apresenta características próprias, e distinguem-se, por vezes, a partir de aspectos muito individuais.

Para Claire Wardle e Hossein Derakhshan,[210] desinformação consiste em "informações falsas e deliberadamente criadas para prejudicar uma pessoa, grupo social, organização ou país";[211] informação errada, em "informações falsas, mas não criadas com a intenção de causar danos";[212] e informação maliciosa, em "informações baseadas na realidade, usadas para infligir danos a uma pessoa, organização ou país".[213] A divisão pode ser assim visualizada:

FIGURA 3 – Representação gráfica dos distúrbios informacionais

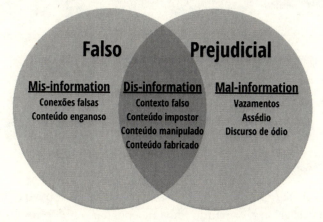

Fonte: Elaboração da autora, a partir das informações do texto de Wardle (2017).

---

[208] WARDLE, 2017. Veja também WARDLE; DERAKHSHAN, 2017.
[209] DOURADO, 2020.
[210] WARDLE; DERAKHSHAN, 2017, p. 20.
[211] Tradução livre de: "Information that is false and deliberately created to harm a person, social group, organization or country."
[212] Tradução livre de: "Information that is false, but not created with the intention of causing harm."
[213] Tradução livre de: "Information that is based on reality, used to inflict harm on a person, organization or country."

Wardle ressalta a importância da utilização da nomenclatura específica para os diferentes tipos de distúrbios informacionais, pois o fenômeno não se resume apenas a notícias jornalísticas, tampouco o termo *fake* descreve a sua complexidade.[214] Ainda, a autora elenca sete tipos distintos de desinformação e de informação errada, classificando-os numa escala que aponta a intenção de enganar: (i) sátira ou paródia, (ii) conteúdo enganoso, (iii) conteúdo impostor, (iv) conteúdo fabricado, (v) conexão falsa, (vi) contexto falso, (vii) conteúdo manipulado.

FIGURA 4 – 7 tipos de desinformação e de informação errada

sátira ou paródia	conteúdo enganoso	conteúdo impostor	conteúdo fabricado
sem intenção de causar danos, mas tem potencial para enganar	uso enganoso de informações para prejudicar algo ou alguém	quando a autoria se faz passar por uma fonte genuína	conteúdo 100% falso projetado para enganar e causar danos

conexão falsa	contexto falso	conteúdo manipulado
títulos, imagens ou legendas não correspondem com o conteúdo	conteúdo genuíno compartilhado sob contexto falso	informações ou imagens genuínas manipuladas para enganar

Fonte: Elaboração da autora, adaptado da figura de Wardle (2021).

Veja-se, portanto, que a classificação leva em conta o dolo que a pessoa que criou o conteúdo tinha de enganar quem o recebe, sendo que, quanto mais para a direita se localiza a classificação, maior a intenção de ludibriar.[215]

Também necessário destacar que os conceitos de sátira e paródia apresentados por Claire Wardle diferem dos apresentados por Edson C. Tandoc Jr., Zheng Wei Lim e Richard Ling, pois aquela os classifica exclusivamente a partir da intenção de causar danos, enquanto os últimos os delimitam pelo seu conteúdo humorísticos e absurdos.

---

[214] WARDLE, 2017.
[215] Fala do Prof. Dr. Diogo Rais na aula 2 ("Entenda o conceito avançado do termo desinformação") do Curso sobre Desinformação oferecido de modo *online* pelo Instituto Liberdade Digital, em 2020.

No contexto brasileiro não passamos ilesos. As eleições presidenciais de 2018 marcaram o início das preocupações da Justiça Eleitoral brasileira com a desinformação.[216] Entre o primeiro e o segundo turno, o Tribunal Superior Eleitoral desenvolveu campanha de combate à desinformação que consistiu na criação de uma página específica contendo esclarecimentos sobre notícias falsas.[217] Contudo, as informações trazidas pela Justiça Eleitoral dizem respeito tão somente à desinformação que afete o funcionamento da própria Justiça, das eleições, da votação, não desvelando divulgações que envolvam as candidaturas.

Assim, apesar dos esforços estatais, a campanha eleitoral foi marcada pela disseminação de desinformação, sobretudo por aplicativos de mensageria instantânea. Foram numerosas:[218]

1. *"Mamadeira erótica" ou "mamadeira de piroca"* – a notícia era de que o então candidato pelo PT, Fernando Haddad, quando prefeito da cidade de São Paulo, distribuiu para as creches municipais mamadeiras cujo bico teria o formato de um pênis. A mamadeira seria parte do chamado "kit gay".[219]

2. *"Kit gay"*: divulgou-se que Fernando Haddad criou um "kit gay" para crianças de 6 anos contendo cópia do livro *Aparelho Sexual e Cia – um guia inusitado para crianças descoladas*, do autor Phillipe Chappuis. O que se fez foi deturpar o projeto desenvolvido em 2011 pelo Ministério da Educação (MEC), na época sob a gestão de Fernando Haddad, chamado de "Escola sem Homofobia", o qual se destinava exclusivamente a professoras e professores e trazia orientações sobre questões relacionadas à realidade LGBTQ+.[220]

3. *Mensagem de apoio de Trump a Bolsonaro*: circulou a imagem de um suposto tuíte publicado por Donald Trump elogiando o então candidato pelo PSL, Jair Bolsonaro, como sendo "candidato a presidente mais digno de confiança que o Brasil já teve". No entanto, nenhuma postagem com o conteúdo foi feita no dia 6 de outubro de 2018 na conta de Donald Trump.[221]

---

[216] BRASIL, 2017c.
[217] BRASIL, 2019.
[218] Para mais mensagens falsas checadas pela equipe do Grupo Globo, consultar: FATO..., 2021.
[219] STONE, 2020; QUEIROGA, 2021.
[220] STONE, 2020; QUEIROGA, 2021.
[221] É..., 2018.

4. Opção por Fernando Haddad ao selecionar a tecla "1" na urna eletrônica: foi divulgado vídeo em que a urna eletrônica completava o voto, computando-o para o PT (13) quando a pessoa digitava o número "1". O Tribunal Superior Eleitoral esclareceu que tal erro não acontecia.[222]

Certo que, com a rápida evolução das Tecnologias de Informação e Comunicação (TICs), o surgimento de novas tecnologias,[223] o recrudescimento da pós-verdade – compreendida como a "relativização da verdade, na banalização da objetividade dos dados e na supremacia do discurso emotivo" –[224] e dos fatos alternativos,[225] dificulta-se o acompanhamento de todas as transformações, seja pelo mundo científico, seja pelo legislativo, seja pelo social.

Certo, também, que esse novo contexto em que a desinformação é distribuída pela internet, majoritariamente pelas redes sociais e serviços de mensageria privada, aumenta as chances de um trabalho científico, ao ser publicado, já se apresentar obsoleto. No entanto, mostra-se necessária a constante reflexão em virtude dos impactos desse distúrbio.

Parte dele consiste em identificar os motivos pelos quais esses conteúdos são criados. Partindo do trabalho de Eliot Higgins, Clair Wardle lista oito deles: (i) jornalismo de baixa qualidade, (ii) paródia, (iii) provocações, (iv) paixão, (v) partidarismo, (vi) lucro, (vii) influência ou poder político e (viii) propaganda.[226] Tandoc Jr., Wei Lim e Richard Ling apontam dois: financeiro e ideológico.[227]

Hunt Allcott e Matthew Gentzkow ainda elencam outros quatro motivos: (i) facilidade de publicação fora da mídia tradicional, (ii) popularização das redes sociais, (iii) declínio da confiança depositada na mídia tradicional e (iv) o aumento da polarização política.[228]

Veja-se que questões político-partidárias são a razão que se repete nos três estudos. Não à toa que o termo *fake news* se popularizou, tanto nos Estados Unidos quanto no Brasil após uma eleição presidencial. Contudo, precisamos ter em mente outro fator de extrema relevância e potencialidade: o financeiro.

---

[222] SCHULTZ et al., 2018.
[223] DIRETORIA DE ANÁLISE DE POLÍTICAS PÚBLICAS, 2018.
[224] ZARZALEJOS, 2017.
[225] FARKAS; SCHOU, 2020.
[226] WARDLE, 2017.
[227] TANDOC; LIM; LING, 2017.
[228] ALLCOTT; GENTZKOW, 2017.

Por trás do surgimento e da disseminação da grande maioria de modalidades de distúrbios informacionais, existem fortes interesses que lutam contra a sua identificação e prevenção. São negócios – legítimos e ilegítimos – que lucram com permanência da população nas redes, com o afunilamento de nichos de mercado, com a polarização da sociedade, e, assim, controlam a população.[229]

Se a desinformação é um fenômeno antigo, a forma de disseminação foi alterada drasticamente com a popularização da internet. As redes sociais mudaram o modo como a desinformação se propagava e alteraram por completo a lógica das mídias tradicionais. Esses espaços possibilitam que qualquer pessoa publique todo tipo de conteúdo, sem significativa restrição de terceiros, verificação de fatos ou julgamento editorial. Um perfil ordinário pode alcançar tantas visualizações quanto o de jornais de renome.[230]

Como se vê, as redes sociais assumem um importante papel na proliferação da desinformação. Elas possibilitam o direcionamento de certos conteúdos especificamente a pessoas que são mais suscetíveis ao consumo.[231] Tal condição evidencia a relevância do viés de confirmação, pelo qual as convicções de quem recebe determinada informação são amparadas, e, assim, o conteúdo passa a ser compartilhado sem conferência, ou seja, transforma-se a crença em fato.[232]

Raquel Machado e Jessica Almeida apontam que a dispersão da desinformação "se dá principalmente porque a informação veiculada parece abraçar algum desejo ou necessidade daquele que a faz circular, num viés de confirmação cognitivo".[233] Ou seja, apesar de estudos que apontam que a influência da internet[234] e da desinformação[235] afeta diretamente a democracia, devemos ter em conta que, quando direcionada a pessoas com ideias já pré-fixadas, a desinformação dificilmente irá formar uma convicção, funcionando principalmente como reforço.

Ainda, Gordon Pennycook e David G. Rand explicam que um dos motivos pelos quais a desinformação é tão facilmente disseminada

---

[229] TUTERS, 2018; BAKIR; MCSTAY, 2017; BENKLER; FARIS; ROBERTS, 2018.
[230] ALLCOTT; GENTZKOW, 2017.
[231] WARDLE, 2017.
[232] Fala do Prof. Dr. Diogo Rais na aula 2 ("Entenda o conceito avançado do termo desinformação") do Curso sobre Desinformação oferecido de modo *online* pelo Instituto Liberdade Digital, em 2020.
[233] MACHADO; ALMEIDA, 2020. p. 1130.
[234] BRAGA; CARLOMAGNO, 2018.
[235] FARKAS; SCHOU, 2020.

é a tendência de se aceitarem, como suficientes, argumentos fracos.[236] Outra, aponta que no campo científico, por vezes, o excesso de compartilhamento de informações prejudica os cientistas – fenômeno conhecido como "Efeito Zollman", em homenagem ao filósofo Kevin Zollman, que o identificou originalmente.[237] Também, a larga interação com algoritmos, os quais acabam por criar câmaras de eco e bolhas de filtro e estimulam a concentração de versões únicas.[238]

O viés de confirmação, no entanto, parece ser elemento crucial para a compreensão do sucesso da desinformação. Isso porque as pessoas buscam a validação daquilo em que acreditam. Ele se mostra como "o teste que estava faltando às hipóteses já presentes nas convicções dos eleitores, que parecem dispensar a refutabilidade tão cara à ciência, que tem a verdade como um ideal".[239]

Não bastasse, o compartilhamento do conteúdo por pessoas do ciclo social de quem recebem o conteúdo empresta a ele credibilidade e apenas reforça o desejo pela confirmação, fazendo com que a desinformação seja disseminada rapidamente. O foco, portanto, não é na credibilidade da fonte que produziu o conteúdo, mas no assunto de interesse e em quem o transmitiu.[240] Esse desejo de certeza, a facilidade de acesso à internet e de criação e distribuição de conteúdo gera um crescimento exponencial na disseminação da desinformação.[241]

Como visto, a desinformação é um fenômeno antigo, que, com o advento da internet, tornou-se mais facilmente produzido, identificado e disseminado. Ela é capaz não apenas de apresentar um conteúdo completamente distorcido e inverídico como de reforçar crenças e paixões irracionais de quem as recebe.

Quando tratamos de eleição, diante do cenário altamente polarizado vivenciado no Brasil desde as eleições de 2018, a questão se torna particularmente delicada, pois, ao invés de o eleitorado ser bem instruído, a difusão desenfreada e não identificada de desinformação faz com que se baseie em mentiras fabricadas com o exato propósito de manipulá-lo e aliená-lo do pensamento crítico e democrático.

---

[236] PENNYCOOK; RAND, 2019.
[237] O'CONNOR; WEATHERALL, 2019.
[238] FLAXMAN; GOEL, 2016.
[239] MACHADO; ALMEIDA, 2020. p. 1130.
[240] WARDLE; DERAKHSHAN, 2017.
[241] FILLOUX, 2017.

3.3 Campanhas eleitorais e desinformação: uma análise de caso

Vimos no item anterior exemplos de desinformação que viralizaram pelo país e ganharam atenção da mídia. No entanto, foram muitas as histórias reconhecidas como falsas pela Justiça Eleitoral na campanha de 2018. Uma delas, que envolveu produção especializada e com aparência de alto investimento, foi propagada em Santa Catarina.

O caso envolveu um ex-governador do estado, concorrente ao cargo de senador em 2018, e consistia em uma complexa construção que buscava incutir no eleitorado a ideia de que o candidato, quando chefe do Executivo, havia construído, com dinheiro público, uma rodovia exclusivamente para acesso à fazenda da qual é um dos proprietários, e que o emprego desses recursos resultou no desvio de investimentos em outras regiões e/ou necessidades da população.

O candidato foi alvo de reiterados ataques nas redes sociais, acompanhados de vídeo superproduzido com 1 minuto e 57 segundos de duração, com imagens aéreas e externas, de excelente qualidade gráfica e de edição, veiculando depoimentos bastante duros reprovando a construção de uma estrada na região de Coxilha Rica, no município de Lages, onde se localiza a propriedade rural. Apesar de apócrifa (sem a identificação do responsável), a toda evidência se tratava de produção profissional.[242]

O vídeo inicia com música instrumental de suspense sobreposta pela voz do narrador, que fala "num país com sérios problemas nas estradas, não dá para aceitar um político que se beneficia do cargo e faz estrada para a própria fazenda". Enquanto isso, são exibidas imagens de estradas em regiões rurais.

Logo em seguida, são apresentados depoimentos de pessoas acerca da condição das estradas no estado, de áreas onde verba pública deveria ser investida, e da opinião sobre a construção de estrada com dinheiro público para fins pessoais. Os depoimentos eram intercalados com a imagem da pessoa e de estradas urbanas e rurais, assim como de obras públicas.

No total foram sete pessoas entrevistadas, cujas falas foram as seguintes:

1. "O dinheiro para a saúde nunca tem, mas pra fazer a estrada na rodovia do Colombo, lá na Coxilha Rica, lá tá, ficando

---

[242] O vídeo encontra-se disponível para acesso no link https://drive.google.com/file/d/1BYU21iMz9sd1kd3HjcXw5MOc9jA8jfA6/view?usp=sharing.

bonito a estrada valendo, e por aqui o hospital aí tá...o povo fila, e fila, e INPS, e não sei o quê e (...)."
2. "Passou na televisão tudo asfaltado, e tem rua aqui que nem tem manutenção."
3. "Aqui na SC-405 o trânsito é caótico. Como ele vai dizer que o governo não tem dinheiro para isso, ele tá construindo essa tal estrada? Isso é feio. É pensar na própria barriga e não pensar na população."
4. "Ao invés dele vim beneficiar o povo, fazer obras para o povo, ajudar o povo na saúde, na educação, na segurança, ele vai fazer asfalto pra ir pra Coxilha, principalmente pra fazenda dele, né. A gente tem que pensar nisso."
5. "Ele é dono de uma porcentagem muito boa de fazendas lá. Como é que lá tem dinheiro pra investir e aqui na nossa cidade não. Eu fico inconformado com essa parte, pelo seguinte: de ele ser um lageano, e dizer que tem o maior orgulho de ser lageano, de ser catarinense abandonar o berço dele que é a cidade de Lages. Fica a tese, agora, pro nosso lageano reconhecer quem somos nós e aonde nós queremos chegar."
6. "Aqui na SC-401, as estradas são perigosas porque tem bastante buraco. Aqui, por exemplo, não tem nem acostamento."
7. "Tirar de onde passam milhares e milhares de pessoas todos os dias pra botar numa estrada 'particular', digamos assim. Isso na minha opinião não existe. É uma coisa surreal. Tem que ser revisto. Para mim é safadeza mesmo, totalmente."

O vídeo pode ser apontado como conteúdo manipulado, conforme classificação proposta por Claire Wardle.[243] Isso porque, ao que se vislumbra, o vídeo foi concebido, produzido e difundido com a intenção clara de prejudicar a candidatura do ex-governador e de induzir que a construção da Rodovia SC-390 foi feita para levar asfalto até a propriedade.

Além disso, e mais importante, a narrativa foi completamente deturpada a fim de parecer real. Para tanto, utilizaram-se de elementos verídicos, mas manipulados de uma forma a passar mensagem falsa. A estrada efetivamente existe, no entanto, não chega até a propriedade rural do candidato.

---

[243] WARDLE, 2017.

A conclusão foi demonstrada por meio de laudo técnico elaborado na época a pedido do candidato,[244] de onde se extrai imagem explicativa:

FIGURA 5 – Mapa de identificação da SC-390

Fonte: Corrêa (2018), p. 5.

A leitura do mapa permite concluir que, além de a Rodovia SC-390 não chegar diretamente até a propriedade, aquela via de acesso é quase o dobro da via principal (LGS 050), ou seja, a distância de 50 quilômetros aumenta para 91 quilômetros.

O vídeo, pois, apresenta as características de desinformação – a qualidade da produção, os depoimentos de pessoas, o caráter sensacionalista, a utilização de fragmentos de fatos reais – e foi disseminado via internet simultaneamente para diferentes grupos de WhatsApp e pela rede social Facebook.[245]

---

[244] CORRÊA, 2018.
[245] A veiculação do vídeo nos perfis da rede social Facebook foram objeto de representação perante o Tribunal Regional Eleitoral autuada sob o nº 0602018-40.2018.6.24.0000 na foi determinada a remoção.

Cada vez mais a internet é utilizada como fonte de informações.[246] Em janeiro de 2021, o Brasil contava com 160 milhões de usuários de internet e 150 milhões de usuários de redes sociais.[247]

Pesquisa mostra que o voto de 45% da população foi influenciado pelas redes sociais em 2018, e, dentre elas, a principal fonte de informação foi o WhatsApp, sendo que 79%, das 2,4 mil pessoas entrevistadas, utilizam-no para se informar.[248]

FIGURA 6 – Frequência de uso de meios como fonte de informação

Fonte: Instituto de Pesquisa Datasenado (2019).

---

[246] RAIS, 2018, p. 17.
[247] KEMP, [2021.
[248] INSTITUTO DE PESQUISA DATASENADO, 2019.

Os números também revelam que "os brasileiros acreditam que os conteúdos nas redes sociais têm grande influência sobre a opinião das pessoas",[249] que 83% da população entrevistada respondeu que já identificou alguma notícia falsa nas redes sociais, e que 77% acreditam que nas redes sociais as notícias falsas têm mais visibilidade que as verdadeiras.

A pesquisa revela ainda quais redes sociais mais impactaram as eleições: o Facebook (31%), o WhatsApp (29%), o YouTube (26%), o Instagram (19%) e o Twitter (10%).

Os dados são relevantes, principalmente se adotarmos os resultados como parâmetro de análise da população em geral. Isso porque se constatou que o aplicativo de mensageria privada WhatsApp, da empresa Meta, antiga Facebook, é o principal meio de obtenção de informação, e foi a segunda rede social com o maior impacto nas eleições.

Ocorre que o WhatsApp adota a proteção de criptografia de ponta a ponta, que é definida pela empresa "como comunicações que permanecem criptografadas em um dispositivo controlado pelo remetente para um dispositivo controlado pelo destinatário do qual terceiros não podem acessar esse conteúdo, nem mesmo o WhatsApp ou a empresa controladora Facebook".[250]

Isso quer dizer que todo conteúdo compartilhado por meio do WhatsApp não é passível de conferência, checagem, regulação ou contestação, a não ser pelas pessoas que participam diretamente da conversa. Ou seja, o aplicativo se torna "terra de ninguém" e as regras eleitorais não se aplicam ao conteúdo ali divulgado.

Em evento, o pesquisador João Guilherme Santos, ao falar do uso do WhatsApp na campanha de 2018, ressaltou que "o aplicativo se tornou um paraíso para a disseminação de notícias falsas – pois juntou o anonimato da fonte original à criptografia de ponta a ponta, viabilizando a viralização da exposição". E ainda que, "apesar de ser uma rede fechada, o WhatsApp foi usado para viralizar conteúdos em alta escala".[251]

O envio maciço de mensagens pelo aplicativo foi reconhecido pelo próprio WhastApp, que admitiu que a remessa foi fruto de sistemas

---

[249] BAPTISTA, 2019.
[250] WHATSAPP, 2020.
[251] DOIS..., 2018.

automatizados contratados por empresas.[252] Destaca-se que muitas operadoras de telefonia móvel oferecem gratuitamente a internet para o uso do aplicativo, o que não ocorre com a busca por agência de checagens, tampouco por notícias jornalísticas, sem contar que muitas revistas e jornais restringem seu conteúdo às pessoas com assinatura.[253]

Desde 2018, o WhatsApp estabeleceu medidas na tentativa de limitações de compartilhamento de mensagens falsas. Inicialmente, passou a indicar quais as mensagens eram encaminhadas de uma conversa para a outra. Mais tarde, em agosto de 2018, restringiu o envio a 20 pessoas por vez (anteriormente era de 200).[254] Já em 2019, a empresa restringiu o envio para 5 conversas, o que, segundo ela, reduziu significativamente o encaminhamento de mensagens em todo o mundo.[255] Mais tarde a empresa criou um rótulo para mensagens encaminhadas mais de 5 vezes (encaminhada com frequência) e restringiu esse envio a uma conversa por vez.[256]

As mensagens são assim identificadas:

FIGURA 7 – Aparência de mensagens encaminhadas pelo WhatsApp

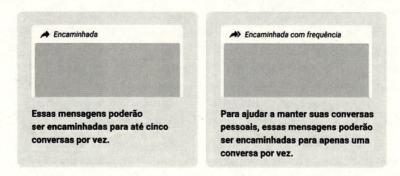

Fonte: Whatsapp (2022b).

---

[252] MELLO, 2019.
[253] SANTOS *et al.*, 2019.
[254] ALVES, 2018.
[255] BULL; ALVES, 2019.
[256] AGRELA, 2020.

Diante dessas restrições, a utilização de grupos com temática política e mais de 250 pessoas torna-se central.[257] Ali, em um ambiente fechado integrado por pessoas com predileções políticas semelhantes, o alcance da mensagem é difundido e dificilmente será contestado.

Esses grupos, normalmente, têm a característica de serem formados por pessoas desconhecidas entre si e que ingressam por meio de links,[258] ou seja, sequer são convidadas diretamente pela pessoa que os administra.

Por outro lado, temos o estudo desenvolvido pelo grupo de pesquisa em Tecnologias da Comunicação e Política (TCP) da Universidade do Estado do Rio de Janeiro. A pesquisa consistiu no acompanhamento, a partir de maio de 2018, de 90 grupos de WhatsApp em apoio a candidaturas diferentes, incluindo Jair Bolsonaro, Fernando Haddad, Ciro Gomes, Marina Silva, Geraldo Alckmin e Henrique Meirelles. Ao final, concluiu que o WhatsApp não se restringe a um aplicativo destinado a mensagens privadas e não consiste exclusivamente em uma "rede de pessoas conectadas através de grupos", mas se sujeita ao funcionamento característico de "uma rede bipartite de grupos interconectados por participantes em comum que regulam o intercâmbio de informações, permitem o aumento exponencial de visibilidade e lógicas de difusão viral de notícias falsas mesmo dentro de uma rede fechada".[259]

No artigo se explica que rede bipartite é aquela em que os grupos não são oficialmente ligados, mas participantes em comum os conectam instituindo dinâmicas de rede. Essa característica faz com que notícias, links, mensagens sejam enviadas a grupos distintos rapidamente, aumentando as conexões e, assim, ampliando as chances de viralização do conteúdo.

Também destaca que a capilaridade dos grupos possibilita "o alcance a diversos núcleos sociais devido a diferenças entre os perfis sociais, culturais, táticos de cada grupo da coalizão, bem como às funções assumidas", e impossibilita a inibição centralizada, "uma vez que a independência e autonomia entre os grupos fazem com que a destruição de um destes não interrompa o comportamento global da

---

[257] SANTOS *et al.*, 2019.
[258] WHATSAPP, [2022a].
[259] SANTOS *et al.*, 2019.

rede e que para cada grupo neutralizado surja um novo com funções semelhantes".[260]

Essas características afastam tais grupos da classificação de mensagens privadas. Diogo Rais, ao tratar do assunto, reflete que mensagens trocadas de forma restrita em aplicativos de mensagens não devem ser consideradas propaganda eleitoral e, portanto, sofrer restrições. Contudo, aponta que "ao se analisar um conteúdo, é especialmente importante considerar o contexto da comunicação e o elemento publicidade envolvido na hipótese específica".[261]

As mensagens privadas, segundo Rais, são caracterizadas por serem uma conversa entre pessoas com alcance restrito, e ainda aponta que, nesses casos, é essencial ter o conhecimento do número de telefone dos interlocutores para se efetivar a troca de mensagens.[262]

No entanto, em grupos cujo acesso é possível por meio de links, em que não há qualquer tipo de relação interpessoal externa entre quem o integra e onde são divulgados conteúdos replicados em diversos ambientes, a lógica de funcionamento é distinta, e, portanto, entendemos que não devem receber as mesmas proteções destinadas às mensagens privadas.

O WhatsApp, pois, oferece uma grande ferramenta para a disseminação incontrolada de desinformação e, nas condições atuais da legislação, impossível de ser mapeada. Essa, contudo, não é a única rede social utilizada ao longo da campanha.

Outro estudo, este realizado pela Diretoria de Análise de Políticas Públicas da Fundação Getúlio Vargas (FGV DAPP), analisou, nos meses que antecederam o primeiro turno das eleições 2018, as redes sociais Twitter, Facebook, YouTube e Instagram para interações das candidaturas à presidência, assim como para "temas e acontecimentos que mais impactam o processo eleitoral", e concluiu pela existência de um cenário bastante polarizado e do "crescimento das interações de robôs participando do debate sobre os presidenciáveis à medida que se aproxima o primeiro turno".[263]

A eleição presidencial de 2018 foi marcada por uma série de particularidades, dentre elas o fatídico episódio da facada recebida pelo

---

[260] SANTOS et al., 2019, p. 318.
[261] RAIS, 2018, p. 62.
[262] RAIS, 2018, p. 62.
[263] RUEDIGER; GRASSI, 2018, p. 15.

então candidato Jair Bolsonaro. O ataque ocorreu em 6 de setembro de 2018 durante uma passeata de campanha e até hoje enseja teorias não comprovadas.[264]

O acontecimento, segundo o estudo da FGV DAPP, causou um pico no volume de referências ao candidato no Twitter, alcançando 1,4 milhão em apenas quatro horas, tendo sido o foco do debate político na rede e repercutindo nos dias seguintes, batendo a marca de 3,2 milhões de referências entre as 16h do dia 6 e as 10h do dia 7 de setembro. A interação veio acompanhada de "manifestações de pesar, referências ao discurso de ódio e à violência no processo democrático e o forte engajamento sobre a veracidade do evento",[265] e mostrou-se uma discrepância no monitoramento da rede:

FIGURA 8 – Menção às candidaturas à presidência no Twitter no período de 16 de agosto a 16 de setembro de 2018

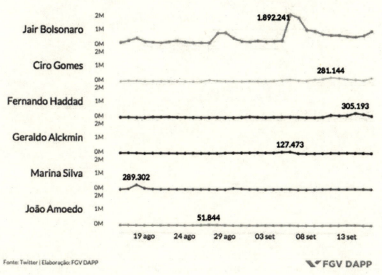

Fonte: Ruediger; Grassi (2018), p. 16.

Outra peculiaridade da campanha de 2018 foi a vitória de candidato com pouquíssimo tempo no horário eleitoral gratuito. Nas

---
[264] LINHARES, 2022.
[265] RUEDIGER; GRASSI, 2018, p. 15-16.

campanhas à presidência, o horário eleitoral gratuito em rede é veiculado às terças, quintas e sábados, num total de 25 minutos diários divididos em dois blocos.[266] Destes, o então candidato Jair Bolsonaro contava com 8 segundos em cada bloco, ou seja, 41,5 vezes menos que o candidato com maior tempo, Geraldo Alckimin, que possuía 5 minutos e 32 segundos.[267]

O reduzido tempo disponível na televisão e no rádio no primeiro turno, possivelmente, ensejou que a campanha de Bolsonaro tenha sido voltada principalmente para as redes sociais.[268]

Como visto, então, o debate eleitoral voltado para a internet, aliado à polarização do pleito, acabou por propiciar a disseminação de desinformação, tornando-a protagonista do pleito de 2018, o que deve se repetir na campanha de 2022.

---

[266] "Art. 47. As emissoras de rádio e de televisão e os canais de televisão por assinatura mencionados no art. 57 reservarão, nos trinta e cinco dias anteriores à antevéspera das eleições, horário destinado à divulgação, em rede, da propaganda eleitoral gratuita, na forma estabelecida neste artigo.
§1º A propaganda será feita:
I - na eleição para Presidente da República, às terças e quintas-feiras e aos sábados:
a) das sete horas às sete horas e doze minutos e trinta segundos e das doze horas às doze horas e doze minutos e trinta segundos, no rádio;
b) das treze horas às treze horas e doze minutos e trinta segundos e das vinte horas e trinta minutos às vinte horas e quarenta e dois minutos e trinta segundos, na televisão (...)" (BRASIL, 1997).

[267] BRASIL, 2018a.

[268] PASSOS; HOUS, 2018.

CAPÍTULO 4

COMO RESOLVER?

Vimos até agora que a democracia é alicerçada, dentre outros pilares, na liberdade de voto e de expressão, assim como no direito à informação. Contudo, essas garantias podem ser postas à prova pela disseminação desenfreada da desinformação.

A desinformação, por sua vez, é ferramenta antiga que, com o advento da internet, tornou-se mais facilmente proliferada e ganhou protagonismo nas eleições presidencial estadunidense de 2016. Na mesma direção foi a campanha brasileira de 2018.

Como bem pontuam Raquel Cavalcanti Ramos Machado e Jéssica Teles de Almeida, a desinformação deve ser estudada pelo Direito, principalmente, quando veiculada no âmbito da campanha eleitoral. As autoras pontuam que se a desinformação é utilizada como ferramenta da propaganda eleitoral, afetando a normalidade do pleito, "cabe ao Direito refletir sobre como e em que medida esse fenômeno será (e se será) tratado pela ordem jurídica".[269]

Importante frisar que a desinformação é fenômeno que acompanha a história e que dificilmente será excluído do futuro da sociedade. Contudo, ainda que atualmente não se vislumbre um meio definitivo de extingui-lo, o Direito não pode ignorar sua existência e deve prever mecanismos de combate, mesmo que demande trabalho árduo e, por vezes, desanimador.

Por isso, o presente capítulo propõe-se a verificar os instrumentos hoje disponíveis na legislação eleitoral para combater a disseminação de desinformação durante a campanha, dentre eles as ações de representação e de representação com direito de resposta, ações criminais, ação com objetivo de anular as eleições e ação de investigação judicial eleitoral.

---
[269] MACHADO; ALMEIDA, 2020.

Em seguida, o item 4.2 aborda as decisões judiciais proferidas no âmbito dos Tribunais Regionais Eleitorais e do Tribunal Superior Eleitoral, e identifica a ausência de compreensão uniforme acerca do fenômeno da desinformação causando grande insegurança jurídica.

Por fim, o item 4.3 traz possíveis alternativas para o combate e a prevenção da desinformação nas campanhas eleitorais.

4.1 Análise dos instrumentos

A propaganda é parte importante da campanha eleitoral e, como visto, regida por princípios e normas que delimitam seu campo de legalidade. É por meio dela que as candidaturas se apresentam ao eleitorado e que este busca informações para formar sua opinião, ainda que a tomada de decisão não seja totalmente racional. Quando manchada pela desinformação, contudo, deve ser combatida.

Desde a Reforma Eleitoral de 2015, concretizada pela Lei nº 13.165, a propaganda eleitoral passou a ser permitida somente após o dia 15 de agosto do ano da eleição, o que reduziu em 41 dias o período de campanha. Isso fez com que a rotina agitada das eleições se tornasse ainda mais urgente, e, com isso, aumentou a importância da rapidez das respostas judiciais diante da eventual irregularidade das propagandas.[270]

Quando tratamos de desinformação na propaganda eleitoral, a urgência torna-se ainda mais evidente, pois o que está em jogo é a regularidade do pleito. Infelizmente, desde 2018, essa realidade se mostra cada vez mais frequente nas campanhas eleitorais, poluindo o debate, criando um ambiente de incertezas e desconfiança e fomentando a polarização de opiniões na sociedade.[271]

Contudo, mesmo diante de tudo isso, é importante destacar que toda a atuação da Justiça Eleitoral frente à desinformação nas campanhas políticas deve ser feita após a sua concretização. Ou seja, não é admissível que a restrição da divulgação do conteúdo, mesmo quando se trata de desinformação, seja realizada previamente, pois caracterizaria censura, fato inconcebível no ambiente democrático.[272]

---

[270] Nesse sentido discorrem Sandro Marcelo Kozikoski e Rene Sampar: "Não é novidade, por outro lado, que a dinâmica intrínseca ao processo eleitoral, amparada pelos princípios da celeridade e da efetividade, sempre exigiu tutelas de remoção do ilícito e provimentos de urgência voltados a coibir instantaneamente a propagação de ilícitos" (KOZIKOSKI; SAMPAR, 2018).
[271] RAIS, 2018b.
[272] RAIS, 2018c.

Assim, a interrupção da difusão de desinformação na esfera eleitoral deve ser realizada por meio de ações judiciais. Uma das opções é a chamada representação. Ela é prevista no artigo 40-B da Lei nº 9.504/1997[273] e segue o rito do artigo da 96 da mesma lei.[274] Visa à proibição de nova veiculação – em caso de propaganda na televisão e no rádio durante o horário eleitoral gratuito ou por meio da imprensa –; à proibição de distribuição e ao recolhimento do material – em caso de propaganda por meio de material impresso –; à remoção do conteúdo – em caso de propaganda na internet. O seu rito, também, é adotado nas representações com direito de resposta.

Possuem legitimidade ativa para a propositura da ação as candidaturas, os partidos políticos, as coligações e o Ministério Público, não sendo autorizada a demanda pelo eleitorado. Como alternativa, este pode fazer uso dos meios de denúncia à Justiça Eleitoral[275] ou ao Ministério Público Eleitoral. A legitimidade passiva é do "responsável pela divulgação da propaganda, e quando comprovado seu prévio conhecimento, o beneficiário",[276] independentemente de ser pessoa participante da disputa eleitoral.

Diante da natureza ágil das representações, as ações devem ser acompanhadas de prova pré-constituída da desinformação e da contraprova. Por isso é necessário, por exemplo, a juntada da mídia do programa veiculado no horário eleitoral gratuito impugnado e sua degravação.[277]

Também se aplicam as regras do Código de Processo Civil referentes à tutela provisória, seja de urgência, seja de evidência, previstas no artigo 294 e seguintes. Dessa maneira, a pretensão pode ser satisfeita mesmo sem a oitiva da parte ré.

---

[273] "Art. 40-B. A representação relativa à propaganda irregular deve ser instruída com prova da autoria ou do prévio conhecimento do beneficiário, caso este não seja por ela responsável. *Parágrafo único*. A responsabilidade do candidato estará demonstrada se este, intimado da existência da propaganda irregular, não providenciar, no prazo de quarenta e oito horas, sua retirada ou regularização e, ainda, se as circunstâncias e as peculiaridades do caso específico revelarem a impossibilidade de o beneficiário não ter tido conhecimento da propaganda" (BRASI, 1997).

[274] "Art. 96. Salvo disposições específicas em contrário desta Lei, as reclamações ou representações relativas ao seu descumprimento podem ser feitas por qualquer partido político, coligação ou candidato, e devem dirigir-se (...)" (BRASI, 1997).

[275] O Tribunal Superior Eleitoral desenvolveu o Pardal, aplicativo especificamente com o propósito de servir como um canal direto para "(...) o envio de denúncias com indícios de práticas indevidas ou ilegais no âmbito da Justiça Eleitoral" (BRASIL, 2018b).

[276] BRASIL, 1997.

[277] GOMES, 2020, p. 819.

A representação pode ser utilizada para coibir as ilicitudes, sejam elas formais, sejam do ponto de vista material. Isso a torna um grande guarda-chuva procedimental que abarca boa parte das ações referentes à propaganda eleitoral.[278]

Do ponto de vista da desinformação, como já vimos, a legislação eleitoral brasileira – e a jurisprudência –[279] não lhe estabeleceu um conceito. Em artigo de opinião publicado no jornal *Folha de S. Paulo*, Diogo Rais reflete sobre a criação de uma lei que estabeleça o conceito de *fake news*.[280]

Segundo ele, são "a vagueza e as múltiplas faces das fake news [que] criam um paradoxo para seu enfrentamento em abstrato, impedindo a criação de uma lei efetiva sobre o tema". No artigo, o autor reflete que, "se a lei não especificar exaustivamente o que é, estará criando uma chave-mestra para que juízes tranquem as mensagens que entenderem como *fake news*".[281] Adiante veremos que é exatamente esse o cenário atual das decisões provenientes da Justiça Eleitoral, trazendo insegurança e aleatoriedade.

Por outro lado, continua, "se definirmos o que seriam *fake news*, seria a lei e, portanto, o Legislativo, que impediria a liberdade, criando filtros impossíveis de serem cumpridos de modo satisfatório".[282] Nesse cenário, Rais prevê duas consequências possíveis: a ineficácia da lei ou a provocação do silencia na sociedade.

Conclui o autor que, entre a ineficácia e o silêncio provocados pela lei e a chave-mestra para trancar a palavra pelo Judiciário, prefere "que se busquem incentivos para a informação e, somente com ela, seria possível vencer a desinformação". Assim, defende que, "em uma agenda positiva, o Estado e a sociedade poderiam incentivar cada vez mais o empoderamento dos usuários para que eles, sim, chequem e escolham os conteúdos".[283]

Em um cenário ideal, certamente a informação e o empoderamento das pessoas seriam a melhor alternativa. Contudo, enquanto não chegamos lá, a lacuna legislativa abre portas para a insegurança jurídica e para a busca da tutela jurisdicional por meio da tentativa e do erro.

---

[278] GOMES, 2020, p. 817.
[279] A esse respeito, ver tópico 4.2 deste livro.
[280] RAIS, 2018c.
[281] RAIS, 2018c.
[282] RAIS, 2018c.
[283] RAIS, 2018c.

Não à toa que muitas vezes as representações de combate à desinformação exploram ilegalidades formais das propagandas, pois discutir o mérito, por vezes, torna-se uma tarefa árdua. Assim, busca-se o provimento em razão, por exemplo, da ausência de indicação da legenda partidária,[284] ou do nome da candidatura a vice em tamanho menor que 30% do tamanho do titular.[285]

No entanto, o combate ao mérito pode ser feito com base em dispositivos que se aplicam de forma analógica à desinformação. O primeiro deles é o artigo 242 do Código Eleitoral, o qual proíbe a utilização de "meios publicitários destinados a criar, artificialmente, na opinião pública, estados mentais, emocionais ou passionais".[286] Como visto no item 3.1, porém, a propaganda destina-se, exatamente, a mexer com a emoção de quem a recebe, o que leva a questionar a efetividade do dispositivo. Contudo, o dispositivo segue em vigor, e a criação artificial de estados mentais, emocionais ou passionais pode ser usada como argumento para o combate à desinformação. Porém, novamente nos deparamos com um conceito aberto que pode prejudicar a efetividade da pretensão.

O Código Eleitoral também proíbe, no artigo 243, inciso IX, a veiculação de qualquer propaganda que caluniar, difamar ou injuriar quem quer que seja.[287] A interpretação, no entanto, deve ser cuidadosa, de modo a não tolher a liberdade de expressão e transformar a campanha em um ambiente asséptico e sem o debate e o confronto de ideias.

Quando a desinformação for veiculada durante o horário eleitoral gratuito,[288] seja na televisão ou no rádio, é possível valer-se do parágrafo 1º do artigo 53 da Lei das Eleições, o qual veda propaganda que "possa degradar ou ridicularizar candidatos" e prevê a sanção de "perda

---

[284] "Art. 242. A propaganda, qualquer que seja a sua forma ou modalidade, mencionará sempre a legenda partidária e só poderá ser feita em língua nacional, não devendo empregar meios publicitários destinados a criar, artificialmente, na opinião pública, estados mentais, emocionais ou passionais" (BRASIL, 1965).

[285] "Art. 36 (...) §4º Na propaganda dos candidatos a cargo majoritário deverão constar, também, os nomes dos candidatos a vice ou a suplentes de senador, de modo claro e legível, em tamanho não inferior a 30% (trinta por cento) do nome do titular" (BRASIL, 1997).

[286] BRASIL, 1965.

[287] "Art. 243. Não será tolerada propaganda: (...) IX - que caluniar, difamar ou injuriar quaisquer pessoas, bem como órgãos ou entidades que exerçam autoridade pública" (BRASIL, 1965).

[288] Frisa-se que o artigo 55 da Lei nº 9.504/1997 poderia ser utilizado como fundamento para o combate à desinformação, pois faz remissão à vedação indicada no inciso II do art. 45. Contudo, o dispositivo foi declarado inconstitucional pelo Supremo Tribunal Federal na Ação Direta de Inconstitucionalidade nº 4.451, portanto, não se mostra um meio viável.

do direito à veiculação de propaganda no horário eleitoral gratuito do dia seguinte" aos partidos ou coligações infratores.[289] Em seguida, o parágrafo 2º do mesmo artigo proíbe "a reapresentação de propaganda ofensiva à honra de candidato, à moral e aos bons costumes".[290]

A propaganda realizada na internet, por sua vez, principalmente com as reformas de 2009 (Lei nº 12.037), de 2013 (Lei nº 12.891) e de 2017 (Lei nº 13.488), possui maior número de dispositivos que servem para combater a desinformação.

O parágrafo 3º do artigo 57-D da Lei das Eleições autoriza "a retirada de publicações que contenham agressões ou ataques a candidatos em sítios da internet, inclusive redes sociais".[291] O *caput* do artigo, no entanto, destaca que é livre a manifestação do pensamento, vedado o anonimato. Talvez, o maior desafio do combate à desinformação é precisamente a ponderação entre a liberdade de expressão e a restrição do conteúdo falso. Por isso a urgência em se estabelecerem parâmetros para que a totalidade de atores envolvidos no processo tenha clareza das possíveis restrições que poderão sofrer e as consequências das infrações.

Para o combate da desinformação do tipo conteúdo impostor, a legislação prevê, no artigo 57-H, a aplicação de multa no valor de R$ 5.000,00 a R$ 30.000,00 a "quem realizar propaganda eleitoral na internet, atribuindo indevidamente sua autoria a terceiro, inclusive a candidato, partido ou coligação".[292]

O mesmo dispositivo institui dois crimes diretamente ligados às redes de disseminação de desinformação: (i) "a contratação direta ou indireta de grupo de pessoas com a finalidade específica de emitir mensagens ou comentários na internet para ofender a honra ou denegrir a imagem de candidato, partido ou coligação"[293] e (ii) a prestação desse serviço.[294] Esses crimes se direcionam ao combate da indústria da desinformação, como tem sido investigado, por exemplo, pela Comissão Parlamentar Mista de Inquérito (CPMI) das Fake News.[295]

---

[289] Artigo 53, §1º (BRASIL, 1997).
[290] Artigo 53, §2º (BRASIL, 1997).
[291] Artigo 57-D, §3º (BRASIL, 1997).
[292] Artigo 57-H (BRASIL, 1997).
[293] Artigo 57-H, §1º (BRASIL, 1997).
[294] Artigo 57-H, §2º (BRASIL, 1997).
[295] BRASIL, 2019a.

Além do conteúdo propriamente, a legislação traz meios de limitar a disseminação em si. Para tanto, determina que as candidaturas, os partidos e as coligações comuniquem à Justiça Eleitoral, no momento do registro, o endereço dos sites, blogs, redes sociais, hospedados direta ou indiretamente em provedor estabelecido no Brasil, que serão usados ao longo da campanha, sendo vedada a propaganda eleitoral em ambiente diverso. Dessa forma, a ordem de remoção é passível de ser executada.

Nesse sentido é que a Justiça Eleitoral tem estudado banir o aplicativo Telegram das eleições de 2022. A ameaça decorre justamente da ausência de representação jurídica da empresa no país, cuja sede fica em Dubai, nos Emirados Árabes Unidos.[296] A Justiça Eleitoral tenta contato com a empresa, sem sucesso,[297] tendo, inclusive, o atual presidente do Tribunal Superior Eleitoral, Luís Roberto Barroso, enviado ofício solicitando reunião com o propósito de discutir a cooperação entre com a empresa no combate a desinformação.[298]

O banimento, contudo, apesar de restringir temporariamente a desinformação e evitar que mensagens sejam compartilhadas irrestritamente, não soluciona o problema, pois, "quando você proíbe o funcionamento de um determinado aplicativo, a tendência é que essas redes voltem a se articular em outros locais da internet".[299]

Igualmente, é vedada a divulgação de conteúdo "de cunho eleitoral mediante cadastro de usuário de aplicação de internet com a intenção de falsear identidade".[300] Tal proibição concentra os esforços na forma pela qual ocorre a disseminação, em vez do conteúdo em si, ou seja, prioriza a atenção no comportamento inautêntico.

Outra forma de combate – ou de tentativa de reparação – é o direito de resposta. Este é assegurado em todos os meios de comunicação, incluindo as redes sociais. Sua previsão tem guarida no artigo 5º, inciso V, da Constituição Federal[301] e no âmbito das campanhas

---

[296] GALF, 2022
[297] COUTINHO, 2022.
[298] BARROSO, 2021.
[299] ARCHEGAS, 2022.
[300] Artigo 57-B, §2º (BRASIL, 1997).
[301] "Art. 5º Todos são iguais perante a lei, sem distinção de qualquer natureza, garantindo-se aos brasileiros e aos estrangeiros residentes no País a inviolabilidade do direito à vida, à liberdade, à igualdade, à segurança e à propriedade, nos termos seguintes: V - é assegurado o direito de resposta, proporcional ao agravo, além da indenização por dano material, moral ou à imagem (...)" (BRASIL, 1988).

eleitorais, nos artigos 57-D[302] e 58 da Lei das Eleições[303] e no parágrafo 3º do artigo 243 do Código Eleitoral.[304]

A legislação eleitoral, pois, assegura o direito de resposta a candidatas, candidatos, partido, coligação ou federação ofendidos, ainda que de forma indireta pela difusão de conceito, imagem ou afirmação caluniosa, difamatória, injuriosa ou sabidamente inverídica.

Mais uma vez nos deparamos com a insegurança e a incerteza dos conceitos abertos. Contudo, trata-se de direito fundamental previsto tanto na Constituição quanto em normas internacionais, como o Pacto de São José da Costa Rica, que, em seu artigo 14, garante o direito de retificação ou resposta a toda "pessoa atingida por informações inexatas ou ofensivas emitidas em seus prejuízos por meios de difusão legalmente regulamentados e que se dirijam ao público em geral".[305]

Assim como o direito à informação, o direito de resposta apresenta múltiplas funções: "a) defesa dos direitos de personalidade; b) direito individual de expressão e de opinião; c) instrumento de pluralismo informativo; d) dever de verdade da imprensa; e) forma de sanção *sui generis*, ou de indenização sem espécie".[306]

É instituto que se propõe a coibir os excessos e retomar os princípios da informação e da veracidade, além de assegurar a legitimidade do pleito.[307] Contudo, Raquel Machado pontua que nas campanhas eleitorais são comuns "agressões a adversários e a troca de acusações.

---

[302] "Art. 57-D. É livre a manifestação do pensamento, vedado o anonimato durante a campanha eleitoral, por meio da rede mundial de computadores – internet, assegurado o direito de resposta, nos termos das alíneas a, b e c do inciso IV do §3º do art. 58 e do 58-A, e por outros meios de comunicação interpessoal mediante mensagem eletrônica" (BRASIL, 1997).

[303] "Art. 58. A partir da escolha de candidatos em convenção, é assegurado o direito de resposta a candidato, partido ou coligação atingidos, ainda que de forma indireta, por conceito, imagem ou afirmação caluniosa, difamatória, injuriosa ou sabidamente inverídica, difundidos por qualquer veículo de comunicação social" (BRASIL, 1997).

[304] "Art. 243. (...) §3º. É assegurado o direito de resposta a quem for, injuriado difamado ou caluniado através da imprensa rádio, televisão, ou alto-falante, aplicando-se, no que couber, os artigos. 90 e 96 da Lei nº 4.117, de 27 de agosto de 1962 (BRASIL, 1965).

[305] "Artigo 14. Direito de Retificação ou Resposta 1. Toda pessoa atingida por informações inexatas ou ofensivas emitidas em seus prejuízos por meios de difusão legalmente regulamentados e que se dirijam ao público em geral, tem direito a fazer, pelo mesmo órgão de difusão, sua retificação ou resposta, nas condições que estabeleça a lei. 2. Em nenhum caso a retificação ou a resposta eximirá das outras responsabilidades legais em que se houver incorrido. 3. Para a efetiva proteção da honra e da reputação, toda publicação ou empresa jornalística, cinematográfica, de rádio ou televisão, deve ter uma pessoa responsável que não seja protegida por imunidades nem goze de foro especial" (BRASIL, 1992b).

[306] MACHADO, 2018, p. 295.

[307] RAIS, 2018a, p. 131.

Na compreensão desse contexto mais belicoso, deve-se interpretar o direito de resposta, sem tanto espaço para melindres".[308] No mesmo sentido Olivar Coneglian, que destaca que a pessoa pública está sujeita "a críticas mais acerbas e mais generalizadas. Muitas vezes, essa crítica é injusta, mas não chega a caracterizar injúria ou difamação".[309]

O direito de resposta, então, será concedido quando (i) for atribuída a alguém a autoria de fato imputado como crime – calúnia –; (ii) for atribuído fato ofensivo à reputação – difamação –; (iii) for ofendida a dignidade ou o decoro da pessoa alvo – injúria.[310]

A última hipótese consiste no fato sabidamente inverídico. Nas palavras de Guilherme Barcelos, "sabidamente inverídico é um fato notoriamente mentiroso, despido de controvérsias acerca da sua não veracidade". Ele acrescenta ainda que, para ser caracterizada como sabidamente inverídica, a inverdade do "fato" divulgado deve ser de conhecimento de quem a divulga. No entanto, de forma acertada, o autor pontua que, "em tempos de relativismo crescente e de verdade fluída (ou pós-verdade), contudo, verificar este qualitativo (o sabidamente inverídico) não é tarefa das mais simples".[311]

No âmbito da internet, apesar de assegurado o direito de resposta, a garantia abrange apenas as ofensas proferidas nas propagandas eleitorais. Assim, "postagens e comentários realizados por usuários e que não caracterizam propaganda eleitoral propriamente dita não devem ser aptos a ensejar o direito de resposta".[312]

Importante ter em mente que a lógica de funcionamento da internet é completamente diferente dos veículos de comunicação social. Tomemos como exemplo o direito de resposta concedido no âmbito do horário eleitoral gratuito. A ação deve ser proposta em até 24 horas da veiculação, e, caso deferido o pedido, "o ofendido usará, para a resposta, tempo igual ao da ofensa, nunca inferior, porém, a um minuto".[313] Apesar de não ser possível garantir que as pessoas anteriormente atingidas pela mensagem tomarão conhecimento da resposta, as condições são materialmente iguais.

---

[308] MACHADO, 2018, p. 295.
[309] CONEGLIAN, 2016, p. 351.
[310] GOMES, 2020, p. 855.
[311] BARCELOS, 2018, p. 403-417.
[312] RAIS, 2018a, p. 132.
[313] Artigo 58, §3º, III, a (BRASIL, 1997).

Por outro lado, na internet, a ação deve ser proposta a qualquer tempo enquanto o conteúdo estiver sendo divulgado, e até 72 horas após a sua retirada.[314] A resposta será publicada no "mesmo veículo, espaço, local, horário, página eletrônica, tamanho, caracteres e outros elementos de realce usados na ofensa", além de adotar o mesmo impulsionamento de conteúdo contratado na postagem original, e ainda "ficará disponível para acesso pelos usuários do serviço de internet por tempo não inferior ao dobro em que esteve disponível a mensagem considerada ofensiva".[315]

No entanto, não é possível ampliar a imposição do direito de resposta às pessoas que compartilharam a mensagem original, tampouco replicar o mesmo engajamento, o que dificulta que a resposta seja entregue ao mesmo número de pessoas.

Passando ao campo sancionatório, além do crime de contratação – e fornecimento – de emissão de mensagens ou comentários na internet para ofender a honra ou manchar a imagem de candidato, partido ou coligação, a legislação eleitoral prevê, no artigo 326-A do Código Eleitoral, a denunciação caluniosa eleitoral consistente em "dar causa à instauração de investigação policial, de processo judicial, de investigação administrativa, de inquérito civil ou ação de improbidade administrativa, atribuindo a alguém a prática de crime ou ato infracional de que o sabe inocente, com finalidade eleitoral (...)".[316]

Ainda, o Código Eleitoral cria os tipos penais de calúnia (artigo 324),[317] difamação (artigo 325)[318] e injúria (artigo 326)[319] no âmbito

---

[314] Artigo 58, §1º, IV (BRASIL, 1997).
[315] Artigo 58, §3º, IV, a, b (BRASIL, 1997).
[316] Artigo 326-A (BRASIL, 1965).
[317] "Art. 324. Caluniar alguém, na propaganda eleitoral, ou visando fins de propaganda, imputando-lhe falsamente fato definido como crime: Pena - detenção de seis meses a dois anos, e pagamento de 10 a 40 dias-multa. §1º Nas mesmas penas incorre quem, sabendo falsa a imputação, a propala ou divulga. §2º A prova da verdade do fato imputado exclui o crime, mas não é admitida: I - se, constituindo o fato imputado crime de ação privada, o ofendido, não foi condenado por sentença irrecorrível; II - se o fato é imputado ao Presidente da República ou chefe de governo estrangeiro; III - se do crime imputado, embora de ação pública, o ofendido foi absolvido por sentença irrecorrível" (BRASIL, 1965).
[318] "Art. 325. Difamar alguém, na propaganda eleitoral, ou visando a fins de propaganda, imputando-lhe fato ofensivo à sua reputação: Pena - detenção de três meses a um ano, e pagamento de 5 a 30 dias-multa. Parágrafo único. A exceção da verdade somente se admite se ofendido é funcionário público e a ofensa é relativa ao exercício de suas funções" (BRASIL, 1965).
[319] "Art. 326. Injuriar alguém, na propaganda eleitoral, ou visando a fins de propaganda, ofendendo-lhe a dignidade ou o decôro: Pena - detenção até seis meses, ou pagamento de 30 a 60 dias-multa. §1º O juiz pode deixar de aplicar a pena: I - se o ofendido, de forma

eleitoral. Para além dos crimes previstos no Código Penal, esses tratam especificamente das campanhas sendo necessária para a sua caracterização a ocorrência durante a propaganda eleitoral.

Por fim, especificamente sobre a desinformação, existe o crime previsto no artigo 323 consistente em "divulgar, na propaganda eleitoral ou durante período de campanha eleitoral, fatos que sabe inverídicos em relação a partidos ou a candidatos e capazes de exercer influência perante o eleitorado".[320]

Ainda no campo sancionatório, deparamo-nos com a ação de investigação judicial eleitoral. Ela é prevista no artigo 14, parágrafo 9º, da Constituição Federal, nos artigos 222 e 237 do Código Eleitoral, e nos artigos 19 e 22 da Lei Complementar nº 64/1990. Segundo José Jairo Gomes, "esses dispositivos compõem um conjunto normativo que enseja a responsabilização e o sancionamento do abuso de poder em detrimento da integridade do processo eleitoral e, pois, das eleições".[321]

Ela tem como propósito apurar uso indevido, desvio ou abuso do poder econômico ou do poder de autoridade, ou utilização indevida de veículos ou meios de comunicação social, em benefício de candidato ou de partido político. Novamente têm legitimidade ativa os partidos políticos, as coligações, as candidaturas e o Ministério Público Eleitoral.

A ação de investigação judicial eleitoral tem como consequência possível duas sanções. A primeira é a decretação da inelegibilidade "do representado e de quantos hajam contribuído para a prática do ato para as eleições a se realizarem nos 8 (oito) anos subsequentes à eleição em que se verificou", sendo, assim, aplicável a toda pessoa que incidir nas condutas. A segunda é a "cassação do registro ou diploma do candidato diretamente beneficiado pela interferência do poder econômico ou pelo desvio ou abuso do poder de autoridade ou dos meios de comunicação".[322]

Ao tratarmos da desinformação, esta poderia ser considerada abuso caso sua disseminação "seja relevante, ostentando aptidão para

---

reprovável, provocou diretamente a injúria; II - no caso de retorsão imediata, que consista em outra injúria. §2º Se a injúria consiste em violência ou vias de fato, que, por sua natureza ou meio empregado, se considerem aviltantes: Pena - detenção de três meses a um ano e pagamento de 5 a 20 dias-multa, além das penas correspondentes à violência prevista no Código Penal" (BRASIL, 1965).

[320] Artigo 323 (BRASIL, 1965).
[321] GOMES, 2020, p. 1124.
[322] Artigo 22, XIV (BRASIL, 1990).

comprometer a integridade, lisura, normalidade e legitimidade das eleições, pois são esses os bens jurídicos tutelados pela ação em apreço".[323]

Isso quer dizer que, a depender da gravidade da desinformação e do seu alcance, candidatas e candidatos eleitos podem perder seus mandatos. No entanto, não há necessidade de provar o nexo de causalidade entre a desinformação e a quebra da normalidade do pleito, ou seja, "não se faz necessário – até porque, na prática, isso não seria possível – provar que o abuso influenciou concretamente os eleitores, a ponto de levá-los a votar efetivamente no candidato beneficiado ou a repudiar o seu concorrente".[324]

Interessante ressaltar que o abuso pode ter ocorrido antes mesmo do período eleitoral, devendo, apenas, ser possível fazer referência ao bem jurídico tutelado. A propositura da demanda, no entanto, deve ocorrer após o pedido de registro de candidatura até a diplomação dos eleitos e das eleitas.

Se considerarmos a desinformação como uma fraude, aplica-se também o artigo 222 do Código Eleitoral. Relevante destacar a reflexão de Diogo Rais sobre o conceito de *fake news*. Rais aponta que "o mais perto que a mentira chega no campo jurídico é a fraude e, talvez, uma boa tradução jurídica para *fake news* seria 'notícias ou mensagens fraudulentas'".[325]

Por fim, devemos ter em mente a função administrativa da Justiça Eleitoral expressa no poder de polícia, consistente na "faculdade que tem o Estado-Administração de intervir na ordem pública, limitando a liberdade, isto é, a ação das pessoas, em benefício da sociedade".[326] Na seara eleitoral propriamente, está prevista no artigo 41 da Lei nº 9.504/1997 e restringe-se "às providências necessárias para inibir práticas ilegais, vedada a censura prévia sobre o teor dos programas a serem exibidos na televisão, no rádio ou na internet."[327]

A suspensão da disseminação de desinformação por meio do poder de polícia, pois, ocorre na seara administrativa da Justiça Eleitoral e, por não se tratar de processo jurisdicional, dispensa provocação.

Diante de todas as possibilidades de combate por meio judicial, necessitamos ter em mente que a remoção de conteúdo,

---

[323] GOMES, 2020, p. 1135.
[324] GOMES, 2020, p. 1136.
[325] RAIS, 2018b, p. 105-129.
[326] GOMES, 2020, p. 161.
[327] Artigo 41, §2º (BRASIL, 1997).

independentemente do veículo onde é divulgado, de alguma maneira afeta a liberdade de expressão e, assim, "somente se legitima quando vise à preservação da higidez do processo eleitoral, à igualdade de chances entre candidatos e à proteção da honra e da imagem dos envolvidos na disputa".[328]

Assim, saber como a Justiça Eleitoral tem respondido à questão é crucial para compreender o fenômeno e a sua prevenção.

4.2 Análise das respostas judiciais

Quando a desinformação é veiculada no âmbito das campanhas eleitorais, para além das medidas de prevenção e de conscientização, inevitavelmente cabe ao Judiciário apresentar respostas às demandas apresentadas. Essa atuação deve ser precisa e pautada nos princípios da propaganda e na preservação da liberdade de expressão. Para tanto, vislumbra que a Justiça especializada deve ser cirúrgica na análise da desinformação e no seu combate. Contudo, não é isso que vislumbramos da leitura dos acórdãos proferidos sobre o tema referente às eleições de 2018.[329]

Inicialmente, percebemos que, em vez de desinformação, os tribunais ainda utilizam a terminologia *fake news* em suas decisões. Até 16 de janeiro de 2022, a busca pelo termo *fake news*[330] resulta em 145 acórdãos proferidos pelo Tribunal Superior Eleitoral e os Tribunais Regionais Eleitorais.[331] Destes, 54 reconheceram a existência de desinformação no caso concreto, 57 a afastaram e 34 sequer discutiram a sua existência.[332] Eis a distribuição das decisões conforme o tribunal que as proferiu:

---

[328] BRASIL, 2018b.
[329] SALGADO; PORTELLA, 2020.
[330] BRASIL, 2021c.
[331] Destaca-se que a ferramenta de busca não disponibiliza decisões proferidas pelos juízos das Zonas Eleitorais nem decisões monocráticas dos tribunais.
[332] A ausência de discussão se deu em virtude de perda do objeto da demanda, por prejudicial de mérito, ou em razão de o objeto da demanda não envolver diretamente a identificação de desinformação.

QUADRO 4
Acórdãos da Justiça Eleitoral que contêm o tema *fake news* na ementa

Tribunal	Quantidade de acórdãos	Quantidade de acórdãos em que se *reconheceu* a existência de desinformação	Quantidade de acórdãos em que se *afastou* a existência de desinformação	Quantidade de acórdãos em que *não se discutiu* a existência de desinformação
TSE	7	1	0	6
TRE-AC	0	0	0	0
TRE-AL	4	1	1	2
TRE-AM	0	0	0	0
TRE-AP	4	0	4	0
TRE-BA	2	0	1	1
TRE-CE	3	0	2	1
TRE-DF	0	0	0	0
TRE-ES	0	0	0	0
TRE-GO	3	1	2	0
TRE-MA	4	1	2	1
TRE-MG	7	3	2	2
TRE-MS	1	1	0	0
TRE-MT	3	3	0	0
TRE-PA	13	5	5	3
TRE-PB	1	1	0	0
TRE-PE	16	7	8	1
TRE-PI	0	0	0	0
TRE-PR	28	14	8	6
TRE-RJ	15	6	5	4
TRE-RN	6	0	3	3
TRE-RO	1	0	0	1
TRE-RR	0	0	0	0
TRE-RS	3	1	1	1
TRE-SC	11	5	6	0
TRE-SE	1	0	1	0
TRE-SP	10	2	5	3
TRE-TO	2	1	1	0

Fonte: Elaboração da autora, a partir de dados do Tribunal Superior Eleitoral.[333]

---

[333] BRASIL, 2020d.

Como se denota do Quadro 4, somente sete são da corte superior, sendo duas ações de investigação eleitoral (autos nº 0601782-57.2018.6.00.0000 e nº 0601779-05.2018.6.00.0000), uma representação (autos nº 0601697-71.2018.6.00.0000), dois recursos especiais eleitorais (autos nº 0000972-29.2016.6.13.0263 e nº 0000972-29.2016.6.13.0263), um recurso em representação (autos nº 0601765-21.2018.6.00.0000) e uma consulta (autos nº 0601018-71.2018.6.00.0000).

Após a leitura das sete decisões, em apenas uma foi possível encontrar definição acerca da temática: "Deve-se usar o conceito de *fake news* para o conteúdo manifestamente falso que é intencionalmente criado e divulgado para o fim de enganar e prejudicar terceiros, causar dano, ou para lucro."[334] No acórdão, o relator, ministro Luís Roberto Barroso, ainda cita a doutrina de Claire Wardle e pontua a necessidade de nomear o fenômeno de desinformação.

Em termos gerais, os Tribunais Regionais Eleitorais, apesar de não conceituarem definitivamente *fake news*, tampouco desinformação, adotam o entendimento de priorizar a liberdade de expressão quando há pedido de remoção da propaganda eleitoral da internet,[335] ou proibição da divulgação no horário eleitoral gratuito.[336]

O processo jurisdicional eleitoral caracteriza-se pela celeridade e pela efemeridade.

Como explica José Jairo Gomes, a expressão processo eleitoral possui dois significados distintos. O primeiro corresponde ao sentido amplo e "pode ser compreendido como espaço democrático e público de livre manifestação da vontade política coletiva", ou seja, consiste no "fenômeno coparticipativo, em que inúmeras pessoas e entes atuam cooperativamente em prol da efetivação da soberania popular e concretização do direito fundamental de sufrágio".[337]

O segundo, vinculado ao sentido estrito, compreendido como procedimento, diz respeito ao processo jurisdicional eleitoral e "refere-se à

---

[334] BRASIL, 2020c, p. 20.
[335] Nesse sentido, acórdão proferido pelo Tribunal Superior Eleitoral nos autos nº 0601697-71.2018.6.00.0000; pelo Tribunal Regional Eleitoral do Amapá nos autos nº 060011660; pelo Tribunal Regional Eleitoral do Rio Grande do Sul nos autos nº 600236-49.2020.621.0149 e pelo Tribunal Regional Eleitoral de Santa Catarina nos autos nº 0600363-16.2020.624.0050.
[336] Nesse sentido, acórdão proferido pelo Tribunal Regional Eleitoral do Sergipe nos autos nº 060136256; pelo Tribunal Regional Eleitoral do Mato Grosso; nos autos nº 0601034-19.2018.611.0000 e pelo Tribunal Regional Eleitoral de Pernambuco nos autos nº 0600190-72.2020.617.0084.
[337] GOMES, 2020, p. 496.

intrincada via que se percorre para a concretização das eleições, desde a efetivação das convenções pelas agremiações políticas até a diplomação dos eleitos".[338]

Assim, diante da diversidade de sentido, optamos por usar o termo processo jurisdicional eleitoral para identificar a atuação da Justiça Eleitoral, mediante provocação, na resolução de conflitos envolvendo controvérsias jurídicas ao longo das campanhas.

Principalmente quando se trata de propaganda eleitoral, as respostas judiciais devem acompanhar a rotina acelerada das campanhas, sobretudo diante da sua curta duração e do potencial lesivo de irregularidades. No entanto, a rapidez necessária não pode se sobrepor à técnica e aos conceitos, sob o risco de aniquilar a segurança jurídica.

Desde as eleições gerais de 2018, a desinformação tornou-se assunto familiar à Justiça Eleitoral. De lá para cá, deveriam os tribunais ter firmado o entendimento do que reputam como desinformação – ou *fake news* para usar o termo de preferência –, ao invés de pautarem-se no conceito aberto de "fato sabidamente inverídico" ou de mera notícia falsa. As decisões proferidas em representações por propaganda irregular e em direito de resposta, ainda que em sede liminar, precisam ser capazes de analisar o caso concreto e fazer um exercício de subsunção do fato ao conceito uniforme, e, então, apreciar o requerimento feito pela parte autora. Infelizmente, contudo, não é o que se verifica.

Tomemos como exemplo três decisões do Tribunal Regional Eleitoral do Pará.

A primeira é o Acórdão nº 32.335, proferido nos autos nº 0600291-44.2020.6.14.0068. A decisão confirmou sentença da 68ª Zona Eleitoral de Rurópolis, que julgou parcialmente procedente a representação eleitoral "pela divulgação de notícias falsas no aplicativo de troca de mensagens eletrônicas WhatsApp e na rede social Facebook". A propositura da demanda decorreu da divulgação de "mensagens caluniosas em grupo no aplicativo WhatsApp onde associava o candidato a reeleição no cargo majoritário (...) ao assassinato de sua irmã, Leila Ximendes". Também alegaram que houve publicação no perfil do Facebook de "imagens que reforçavam a suposta ligação entre o candidato e o crime".[339]

---

[338] GOMES, 2020, p. 497.
[339] PARÁ, 2021b.

A publicação foi compreendida como *fake news*, pois houve abuso do "direito à livre manifestação veiculando informações carentes de comprovação (...) algo que indubitavelmente ofende a honra e a imagem (...), além de ser fato sem nenhuma prova e, portanto, mera suposição"., De outro lado, temos o acórdão nº 31.854, proferido nos autos nº 0600172-68.2020.6.14.0073. A decisão reformou sentença da 73ª Zona Eleitoral de Belém, "que julgou improcedente a representação eleitoral por propagação de *fake news*" decorrente da publicação em perfil da rede social Facebook de vídeo contendo imagens de "um rapaz sendo agredido com uma bandeira, sob alegação de que o agressor seria o então candidato à prefeitura de Belém, Edmilson Rodrigues".[340]

O acórdão partiu da premissa fática de que o vídeo foi feito em Palmas, no Tocantins, e que a pessoa que aparecia no vídeo identificada como Edmilson Rodrigues era, na verdade, Rilton Farias.

No corpo do voto, a fundamentação que levou à caracterização do vídeo com *fake news* foi a de que "a notícia fraudulenta possui, de fato, o condão de degradação do candidato à Prefeitura de Belém. Além do mais, ao propagar *fake news*, são extrapolados os limites da crítica e da livre manifestação de pensamento". E ainda "que o agente utilizou arbitrariamente tal direito [liberdade de expressão] para agredir os direitos da personalidade, bem como os direitos políticos do então candidato a prefeito municipal Edmilson Rodrigues através de notícia falsa."

Enquadrou o vídeo como *fake news*, então, pois "a divulgação, em rede social (Facebook) de vídeo com uso de adjetivos aliados a frases soltas e vídeo com conteúdo apelativo e polêmico, capaz de gerar, artificialmente, estados mentais e emocionais".

Do ponto de vista teórico, o voto pontuou que as *fake news* consistem em "notícias fraudulentas, produzidas dolosamente, com a intenção de provocar algum dano; não se constituem apenas em notícias falsas, ou meramente mentirosas. Resultam da disseminação de informação através do desinteresse em confirmar a veracidade da mesma (*sic*)".

Enquanto a primeira decisão identificou a *fake news* tão somente diante do abuso do direito à livre manifestação decorrente da ofensa à honra e à imagem sem prova, a segunda foi além e incluiu nos requisitos a ofensa aos direitos políticos do ofendido, além de exigir a identificação de conteúdo polêmico capaz de gerar, artificialmente, estados mentais

---

[340] PARÁ, 2021c.

e emocionais com a intenção de provocar algum dano e a intenção de provocar algum dano.

O terceiro acórdão é o de nº 31.843, proferido nos autos nº 0600099-90.2020.6.14.0075. A decisão confirmou a sentença da 75ª Zona Eleitoral de Parauapebas, "que julgou procedente representação por propaganda extemporânea" em decorrência de (...) divulgação de vídeo com duração de 1'54'', pelo aplicativo Whatsapp, ocorrida em 4 de julho de 2020".[341]

A decisão identificou o disparo em massa de mensagem por meio do aplicativo de mensageria privada WhatsApp que teria desequilibrado a disputa eleitoral. A propaganda antecipada fazia referência à pesquisa eleitoral inexistente e, por isso, "não possui embasamento legal, levando-nos a concluir embora ele use esse termo tratar-se de *fake news*".

O acórdão ainda registrou que a liberdade de expressão faz parte do processo democrático, mas pode ser limitada "em caso excepcionais, notadamente quando a mensagem divulgada, assumindo contornos de notícia séria, veicula fatos aos quais não se sabe ser verídicos ('*fake news*')."

Como se vê, a primeira decisão citada toma por base o caráter calunioso e ofensivo da publicação. A segunda, de modo diverso, pauta-se na capacidade do vídeo em gerar, artificialmente, estados mentais e emocionais em que o assiste. Adota como parâmetro a disposição do artigo 242 do Código Eleitoral.[342] A terceira, por fim, considera desinformação a ausência de embasamento legal de pesquisa eleitoral não registrada.

Veja-se que analisamos três decisões do mesmo tribunal referentes à mesma eleição – a eleição municipal de 2020. Mesmo assim nos deparamos com parâmetros distintos para a configuração de um fato como desinformação – ou *fake news*.

A ausência de uniformidade das decisões e de referencial teórico para a análise dos fatos acarreta enorme insegurança jurídica e empobrece o debate jurisdicional sobre o tema, reforçando o ditado que diz "cada cabeça, uma sentença".

Quando tratamos de ação de investigação judicial eleitoral, a situação é ainda mais grave, diante das consequências do julgamento

---

[341] PARÁ, 2021a.
[342] "Art. 242. A propaganda, qualquer que seja a sua forma ou modalidade, mencionará sempre a legenda partidária e só poderá ser feita em língua nacional, não devendo empregar meios publicitários destinados a criar, artificialmente, na opinião pública, estados mentais, emocionais ou passionais" (BRASIL, 1965).

procedente. A decisão que se reputa mais emblemática – e temerosa – foi recentemente proferida pelo Tribunal Superior Eleitoral nos autos do Recurso Ordinário Eleitoral na Ação de Investigação Judicial Eleitoral nº 0603975-98.2018.6.16.0000.[343]

Em 28 de outubro de 2021, a corte determinou, por maioria de votos, a cassação do mandato do deputado estadual Fernando Destito Francischini (eleito em 2018 pelo Partido Social Liberal do Paraná) e a perda de seus direitos políticos por oito anos, a contar do pleito de 2018, por uso indevido dos meios de comunicação e abuso de poder político e de autoridade, vedações previstas no artigo 22 da Lei Complementar nº 64/1990, em razão de ter disseminado, enquanto em exercício de mandato, notícias falsas sobre as urnas eletrônicas numa *live* transmitida ao final do período de votação.

A ação foi proposta pelo Ministério Público Eleitoral e tramitou originariamente perante o Tribunal Regional Eleitoral do Paraná, o qual, por maioria de votos, julgou improcedente a representação. O órgão ministerial, então, interpôs o recurso ordinário apreciado pela Corte Superior.

Na *live* objeto da demanda, o então deputado federal invocou sua imunidade parlamentar para expor o que entendia ser prova de fraude no sistema de votação eleitoral, consistente em duas urnas "fraudadas ou adulteradas" no município de Curitiba, capital do estado do Paraná. No julgamento, o Tribunal Superior Eleitoral avaliou que as declarações feitas eram falsas e, por se tratarem de "ataques ao sistema eletrônico de votação e à democracia, disseminando fatos inverídicos e gerando incertezas acerca da lisura do pleito, em benefício de candidato", configuravam "abuso de poder político ou de autoridade – quando utilizada essa prerrogativa para tal propósito – e/ou uso indevido dos meios de comunicação quando redes sociais são usadas para esse fim".

O caso é relevante, pois representa divisor de águas com relação ao enquadramento da desinformação como abuso de poder político e de autoridade, assim como das redes sociais como meio de comunicação social, cujo uso indevido configura abuso descrito no artigo 22 da Lei Complementar nº 64/1990.[344]

---

[343] BRASIL, 2021b.
[344] "Art. 22. Qualquer partido político, coligação, candidato ou Ministério Público Eleitoral poderá representar à Justiça Eleitoral, diretamente ao Corregedor-Geral ou Regional, relatando fatos e indicando provas, indícios e circunstâncias e pedir abertura de investigação judicial para apurar uso indevido, desvio ou abuso do poder econômico ou do poder de autoridade, ou

Na hipótese estudada, o tribunal entendeu que "o candidato que promove ataques descabidos ao sistema eletrônico de votação e à democracia, utilizando-se de seu poder político ou sendo beneficiário da conduta de terceiros, pode vir a ser apenado pela Justiça Eleitoral no exame de caso concreto".[345] Assim, a decisão compreendeu que a conduta configurava abuso de poder político e de autoridade em virtude de o autor da *live* ser, à época da transmissão, deputado federal e delegado da Polícia Federal licenciado.

A análise, contudo, não tratou especificamente do ato de disseminar notícia falsa, mas do conteúdo da informação. Grande parte da decisão se destina à defesa da urna eletrônica, ou seja, a desmentir as alegações feitas pelo então deputado.

A postura adotada demonstra que, mais do que o cuidado com a pura e simples disseminação de desinformação, o Tribunal Superior Eleitoral está preocupado com a proteção das instituições, o que leva a questionar se a decisão teria sido a mesma caso a *live* tivesse atacado uma candidatura, e não a própria corte.

Esse posicionamento fica ainda mais claro em trecho do voto do ministro Alexandre de Moraes: "A Constituição Federal não autoriza, a partir de ofensas e de ideias contrárias à ordem constitucional, a propagação de inverdades que atentem contra a lisura, a normalidade e a legitimidade das eleições." E conclui que "a liberdade do eleitor depende da tranquilidade e da confiança nas instituições democráticas e no processo eleitoral".[346]

Com relação à possibilidade de incluir as redes sociais como meio de comunicação social cujo uso indevido é sancionado pela lei, o relator, ministro Luis Felipe Salomão, consignou que "o ilícito em apreço se caracteriza por se expor desproporcionalmente um candidato em detrimento dos demais, ocasionando desequilíbrio na disputa". Em seguida destacou que, "tradicionalmente, o uso indevido dos meios de comunicação social está associado a veículos como a televisão, o rádio, além de jornais e revistas".[347] Porém, segundo o ministro, o dispositivo legal foi redigido em momento em que a internet não tinha o alcance e

---

utilização indevida de veículos ou meios de comunicação social, em benefício de candidato ou de partido político, obedecido o seguinte rito (...)" (BRASIL, 1990).

[345] BRASIL, 2021b, p. 15.
[346] BRASIL, 2021b, p. 51.
[347] BRASIL, 2021b, p. 17.

a relevância atual, e portanto a interpretação deve acompanhar a evolução da sociedade.

Ao final, conclui: "a internet enquadra-se perfeitamente no conceito de meio de comunicação social e pode desaguar na conduta do art. 22 da LC 64/90 estando presentes os demais requisitos do ilícito." Assim, ficou definido que a internet deve, sim, ser considerada meio de comunicação social e o seu uso indevido pode ser punido nos termos do artigo 22 da Lei Complementar nº 64/1990.

Quando avaliou a gravidade da conduta, o relator trouxe ao debate o ataque às instituições e, secundariamente, a veiculação de notícias inverídicas.

No voto vista, o ministro Carlos Horbach manifestou seu entendimento de que a internet não pode ser considerada como meio de comunicação social para fins do artigo 22, "pois, apesar de serem um meio de comunicação, como há pouco decidido, são também um meio pelo qual se exerce a liberdade de expressão". Também ressaltou que "a dinâmica da busca de informação na internet demanda postura ativa do cidadão quando comparada à passividade ínsita aos meios de comunicação tradicionais".

Dessa forma, concluiu que a análise de condutas que envolvam pretenso uso indevido de redes sociais "não pode descurar as balizas afetas à livre manifestação do pensamento e a dinâmica de consumo da informação na plataforma, vetores que devem ser considerados na gradação da conduta".[348]

Em seu voto, o ministro Alexandre de Moraes pontuou que "afigura-se intuitiva a inclusão das redes sociais virtuais no gênero 'meio de comunicação', na medida em que formam não apenas canais de ligação entre pessoas, mas verdadeiras cadeias multifacetadas de comunicação e informação".[349]

Nesse ponto, é relevante distinguir a internet em geral das suas aplicações,[350] nas quais se enquadram as redes sociais e são passíveis de enquadramento como meio de comunicação social.[351]

---

[348] BRASIL, 2021b, p. 41.
[349] BRASIL, 2021b, p. 58.
[350] Aplicação de internet é definida pelo artigo 5º, inciso VII, da Lei nº 12.965/2014 (Marco Civil da Internet) como "o conjunto de funcionalidades que podem ser acessadas por meio de um terminal conectado à internet" (BRASIL, 2014).
[351] QUINALHA, 2021.

Temos portanto que, a partir do julgamento do Recurso Ordinário Eleitoral na Ação de Investigação Judicial Eleitoral nº 0603975-98.2018.6.16.0000, as redes sociais serão consideradas meios de comunicação social para fins do artigo 22 da Lei Complementar nº 64/1990, e que candidatas e candidatos que buscam a reeleição, ou que possuam cargo público, ao difundirem *fake news* (ainda que não tenhamos exatamente um conceito fechado) e atacarem as instituições poderão cometer abuso de autoridade e de poder político.

Esse ponto importante traz ao debate outro ponto central da decisão: a imunidade parlamentar de Francischini. Isso porque, repita-se, o parlamentar, apesar de ter sido eleito em 2018 para assumir cadeira na Assembleia Legislativa do Paraná, exercia à época da transmissão mandato de deputado federal. Tanto é que invoca a sua prerrogativa no decorrer da famigerada *live*.

Contudo, o Tribunal Superior Eleitoral afastou a imunidade material e analisou integralmente o conteúdo divulgado.

Em seu voto, o ministro Luis Felipe Salomão, relator do caso, consignou a impossibilidade de afastar a ocorrência de abuso de poder político por meio da imunidade parlamentar material. Apesar de reconhecer a importância da prerrogativa, adotou o entendimento do Supremo Tribunal Federal de "que a inviolabilidade só é integral quanto aos pronunciamentos realizados no ambiente da Casa Legislativa a que pertence o parlamentar. E não poderia ser diferente, pois, como se sabe, não há direitos de natureza absoluta em nosso ordenamento jurídico". Em seguida, utiliza voto proferido pelo ministro Alexandre de Moraes, no Inquérito nº 4.694/DF, para esclarecer outra possibilidade que, segundo ele, configura-se quando "as declarações foram dadas no exercício, ou em razão do exercício do mandato parlamentar; (...) e se essas opiniões se ativeram aos parâmetros constitucionalmente aceitos, ou se teriam extrapolado eventuais parâmetros das imunidades materiais".

Apesar do contido no *caput* do artigo 53 da Constituição Federal, encerra o assunto concluindo que a inviolabilidade "não se reveste de caráter absoluto e não alberga manifestações exteriores à Casa Legislativa sem liame com o mandato, notadamente quando se convertem em verdadeira agressão aos princípios e fundamentos contidos na Constituição Federal".

O assunto é relevante para o presente estudo, pois a Constituição de 1988, no artigo 53, estabelece que "Os Deputados e Senadores são invioláveis, civil e penalmente, por quaisquer de suas opiniões, palavras e votos". Merece destaque a expressão *quaisquer* incluída pela Emenda Constitucional nº 35 de 2001, que deixa ainda mais clara a intenção constituinte. Ou seja, ainda que não se concorde com a opção escolhida, a redação não deixa margem de dúvidas quanto a sua extensão. Em outras palavras, parlamentares que se candidatarem à reeleição, ou a cargo distinto, gozam de imunidade sobre toda e qualquer desinformação difundida.[352]

Isso não quer dizer, contudo, que são suas ações não são passíveis de sanção, apenas que não podem ser responsabilizados pelo Poder Judiciário. A responsabilização cabe à casa legislativa à qual pertence o parlamentar, nos termos do artigo 55 da Constituição Federal.[353]

Ademais, a imunidade não restringe o poder de polícia da Justiça Eleitoral (previsto no artigo 41 da Lei nº 9.504/1997)[354] e a propositura de demandas requerendo a remoção do conteúdo.[355]

---

[352] Devo registrar que particularmente me parece que a imunidade de parlamentares, no âmbito do pleito eleitoral, prejudica o debate democrático, principalmente por tratar-se de momento para a formação do convencimento do eleitorado. O conteúdo difundido nas propagandas eleitorais deveria receber tratamento isonômico em relação às demais candidaturas. Contudo, a discordância com a norma constitucional não autoriza a sua leitura conforme o gosto de quem a interpreta.

[353] "Art. 55. Perderá o mandato o Deputado ou Senador: I - que infringir qualquer das proibições estabelecidas no artigo anterior; II - cujo procedimento for declarado incompatível com o decoro parlamentar; III - que deixar de comparecer, em cada sessão legislativa, à terça parte das sessões ordinárias da Casa a que pertencer, salvo licença ou missão por esta autorizada; IV - que perder ou tiver suspensos os direitos políticos; V - quando o decretar a Justiça Eleitoral, nos casos previstos nesta Constituição; VI - que sofrer condenação criminal em sentença transitada em julgado. §1º - É incompatível com o decoro parlamentar, além dos casos definidos no regimento interno, o abuso das prerrogativas asseguradas a membro do Congresso Nacional ou a percepção de vantagens indevidas. §2º Nos casos dos incisos I, II e VI, a perda do mandato será decidida pela Câmara dos Deputados ou pelo Senado Federal, por maioria absoluta, mediante provocação da respectiva Mesa ou de partido político representado no Congresso Nacional, assegurada ampla defesa" (BRASIL, 1988).

[354] "Art. 41. A propaganda exercida nos termos da legislação eleitoral não poderá ser objeto de multa nem cerceada sob alegação do exercício do poder de polícia ou de violação de postura municipal, casos em que se deve proceder na forma prevista no art. 40. §1º O poder de polícia sobre a propaganda eleitoral será exercido pelos juízes eleitorais e pelos juízes designados pelos Tribunais Regionais Eleitorais. §2º O poder de polícia se restringe às providências necessárias para inibir práticas ilegais, vedada a censura prévia sobre o teor dos programas a serem exibidos na televisão, no rádio ou na internet" (BRASIL, 1997).

[355] Desde as eleições de 2018 a resolução editada pelo Tribunal Superior Eleitoral que dispõe sobre a propaganda eleitoral, utilização e geração do horário gratuito e condutas ilícitas em campanha eleitoral nas eleições, destina uma seção à temática da remoção de conteúdo da internet. A previsão é fundada no artigo 57-J da Lei das Eleições e estabelece as situações em que o conteúdo poderá ser removido e a forma como ocorrerá. Para as eleições de 2018 a matéria foi regulamentada, pois, nos artigos 33 da Resolução TSE nº 23.551/2017, enquanto, para as eleições de 2020, no artigo 38 da Resolução TSE nº 23.610 (BRASIL, 2019b).

Todavia, não é esse o entendimento do Tribunal Superior Eleitoral. Em seu voto, o ministro Mauro Campbell Marques consignou que, "como se sabe, diante da Justiça Eleitoral, os candidatos detentores de cargo público se despem da quase totalidade de suas prerrogativas para a disputa da eleição, sob pena de violação da isonomia da disputa". Já o ministro Sérgio Banhos fundamentou sua convicção em dois casos julgados pelo Supremo Tribunal Federal que entendem possível o afastamento da prerrogativa se inexistente "vínculo entre o conteúdo do ato praticado e a função pública parlamentar exercida[,] ou quando as ofensas proferidas exorbitem manifestamente os limites da crítica política",[356] e em suposto desvio de finalidade da prerrogativa, devidamente evidenciado.

Por fim, o terceiro voto convergente que discorreu sobre a inviolabilidade foi o do ministro Alexandre de Moraes. Expôs extensas considerações sobre a origem do instituto, a sua importância na separação de poderes, as alterações trazidas pela Emenda Constitucional nº 35 – deixando de fora a inclusão do vocábulo quaisquer – e as teorias de Stuart Mill e de William Blackstone. Destacou que "o agente investido na função pública, e valendo-se dessa posição, dedicou-se a difundir informações absurdamente falsas (...) que atentem contra a lisura, a normalidade e a legitimidade das eleições". Contudo, adiante afastou a incidência da imunidade "pois é clarividente não serem manifestações que guardam conexão com o desempenho da função legislativa ou que seja proferida em razão desta".

O único voto divergente, proferido pelo ministro Carlos Bastide Horbach, entendeu que as declarações abordaram "questões importantes da vida nacional", configurando o que, em suas palavras, a jurisprudência do Supremo Tribunal Federal denomina "nexo de implicação recíproca".

Resta nítida a intenção da Corte de defender o sistema eleitoral brasileiro, a urna eletrônica e a democracia. Igualmente se percebe a adoção de um posicionamento firme a respeito da postura que será por ela adotada nas próximas eleições, como uma resposta aos anseios de parcela da sociedade. Deve-se, todavia, ressaltar que, mesmo que adotado esse posicionamento, deve ele ser encarado de forma limitada e em consonância ao texto constitucional.

---

[356] Petição nº 6268, de relatoria da ministra Rosa Weber; Inquérito nº 3677, redator para o acórdão ministro Teori Zavascki.

Vê-se que a temática da desinformação – ou *fake news* – se tornou cotidiana na Justiça Eleitoral. De 1º de janeiro 2018 até 16 de janeiro de 2022, foram 145 ações que, de alguma forma, envolveram a temática. No entanto, ainda não foi possível identificar um conceito claro adotado pelos tribunais, tampouco um balizamento de como os casos serão interpretados. O que se sabe é que a desinformação virou objeto de atenção e que, quando disseminada contra as instituições democráticas, torna-se alvo de "caça às bruxas".

O que também se sabe é que as eleições de 2022 correrão sob a batuta do ministro Alexandre de Moraes,[357] na posição de presidente do Tribunal Superior Eleitoral, o que significa que, como já antecipado por ele, não será tolerada a disseminação de notícias falsas contra, muito menos contra a Corte,[358] e que o disparo irregular de mensagens ensejará a cassação e a prisão dos responsáveis.[359]

Assim, temos como certeza a incerteza acerca do que ensejará as sanções decorrentes da desinformação para as próximas eleições.

4.3 O que poderia ser adotado

Percebemos que a desinformação tem sido responsável por atingir um número expressivo de pessoas, bem como por modificar o comportamento de grupos capazes de direcionar o rumo até de eleições de magnitude presidencial, pois se beneficia da velocidade com que as informações trafegam nas plataformas de mídia social.[360] Podemos dizer que a desinformação atingiu critérios de criação, distribuição e organização semelhantes a uma empresa, e desse modo seu modelo de negócio tem sido estudado, estruturado e replicado.[361] Infelizmente, com a finalidade de atingir grupos formar uma opinião singular, e assim direcionar comportamentos futuros. No entanto, até o momento, não se descobriu solução rápida e milagrosa para a desinformação.[362]

---

[357] O ministro Alexandre de Moraes, integrante do Supremo Tribunal Federal, tem se manifestado ido é o relator
[358] RAMALHO, 2022.
[359] TEIXEIRA, 2021.
[360] LAZER *et al.* 2017.
[361] RAIS, 2018b, p. 108.
[362] CENTRE FOR LAW AND DEMOCRACY, 2021.

Relatório produzido a partir do seminário da Harvard Kennedy School e da Northeastern University sobre o combate às *fake news* aponta quatro caminhos possíveis para reduzi-las.[363]

A primeira sugestão é comunicar usuários e usuárias de que notícias específicas podem ser falsas. Isso vem sendo feito no Brasil pela empresa Meta, dona das redes sociais Facebook e Instagram, que, em parceria com o Tribunal Superior Eleitoral, começou a incluir em todas as postagens identificadas sobre as eleições de 2022 um cartão com links para o portal da Justiça Eleitoral.[364] Dessa forma, ainda que não se tenha verificado o conteúdo da postagem, usuários e usuárias são alertados e podem conferir o contraponto no Portal da Justiça Eleitoral.

A segunda é oferecer fontes sérias e compatíveis com a ideologia do leitor e da leitora que confirmem que determinada notícia é falsa. Difícil imaginar que pessoa com perfil de esquerda, inclinada a acreditar em uma desinformação, buscará o jornal *Gazeta do Povo*,[365] por exemplo, para verificar os fatos. No lado oposto, improvável que partidário da direita recorrerá à *Revista Piauí*.[366]

Nesse sentido é importante que veículos de comunicação sérios e comprometidos disponibilizem informações verídicas e apontem as inverdades. Ou seja, ainda que no editorial o jornal apresente críticas contumazes a certa corrente política, em suas reportagens, deveria, segundo o relatório produzido a partir do seminário da Harvard Kennedy School e da Northeastern University sobre o combate às *fake news*, oferecer notícias condizentes com a realidade dos fatos.

O terceiro caminho apontado é o de detectar informações que estão sendo promovidas por robôs e contas ciborgues e ajustar algoritmos para restringi-las. Robôs, segundo Yasodara Córdova, pesquisadora da Digital Kennedy School, da Universidade Harvard, são "uma metáfora para um algoritmo que está te ajudando, fazendo um trabalho para você".[367] Esses algoritmos são programados para desenvolver certo comportamento e repetir padrões, ainda que de cada vez mais avançados. Nesse caso, é importante distinguir os robôs maliciosos e que disseminam a desinformação dos robôs úteis, como os que fazem atendimento automatizados em sites de compras.

---

[363] LAZER *et al.* 2017.
[364] BRASIL, 2021c.
[365] Disponível em: https://www.gazetadopovo.com.br/.
[366] Disponível em: https://piaui.folha.uol.com.br/.
[367] GRAGNANI, 2017.

Os robôs prejudiciais, no entanto, podem ser desenvolvidos para aumentar o alcance da desinformação e explorar as vulnerabilidades que derivam de vieses cognitivos e sociais.[368] Atualmente contamos com algumas ferramentas *online* que auxiliam a identificar se um perfil nas redes sociais é operado por robôs, como a Pegabot e[369] a Botometer.[370]

Já as contas ciborgues consistem em perfis mistos, operados por seres humanos e por robôs de forma híbrida, que tentam se passar por perfis de pessoas verdadeira, atuando e interagindo nas redes sociais,[371] explica Emiliano de Cristofaro, professor da London's Global University, no Reino Unido.[372]

Por fim, como quarto caminho, o relatório sugere identificar as fontes de origem da maioria das notícias falsas reduzindo a promoção, pelas plataformas, de informações dessas fontes. Isso porque identificou que a maioria das *fake news* remetem a poucos sites, o que facilitaria o bloqueio, ou a redução da visibilidade.[373]

Devemos ter em mente também que a desinformação, além de ser motivada por questões políticas, sociais e psicológicas, são fruto do interesse financeiro de alguns grupos.[374] Seja por meio de monetização de cliques, anúncios, ou fluxo de visitas, seja pelo financiamento da produção da desinformação em si, nesses casos, é fundamental identificar a origem e o destino do dinheiro para encontrar quem seja responsável pelo conteúdo.

É o que tem feito a Comissão Parlamentar Mista de Inquérito das Fake News. Dentre seus objetivos, a comissão apresenta o de investigar "os ataques cibernéticos que atentam contra a democracia e o debate público" e "a utilização de perfis falsos para influenciar os resultados das eleições 2018".[375] Em fevereiro de 2020, convocou para depoimento

---

[368] LAZER *et al.*, 2017.
[369] Disponível em: https://pegabot.com.br/.
[370] Disponível em: https://botometer.osome.iu.edu/.
[371] A reportagem aponta que "Os perfis falsos encontrados pela investigação da BBC Brasil são ciborgues. Roubaram fotos de pessoas verdadeiras, criaram nomes falsos e adicionaram como amigos pessoas reais - o que fez até com que recebessem 'parabéns' em seus 'aniversários'. Depois, entre publicações de uma rotina inventada, publicaram conteúdo elogiando políticos brasileiros e ajudaram a aumentar suas 'curtidas'" (GRAGNANI, 2017).
[372] GRAGNANI, 2017.
[373] LAZER *et al.*, 2017.
[374] WARDLE; DERAKHSHAN, 2017, p. 26.
[375] BRASIL, 2019a.

ex-funcionário de empresa investigada por fraudes na campanha eleitoral de 2018.[376]

Também com o intuito de combater a desinformação a partir do aspecto financeiro, a Justiça Eleitoral proibiu o repasse de recursos pelas redes sociais a páginas investigadas por propagar desinformação.[377]

Apesar das dificuldades práticas, refazer a trilha do financiamento pode auxiliar a encontrar a origem da desinformação e assim responsabilizá-la, a fim de interromper o ciclo.

Medidas semelhantes à do relatório são propostas por Luís Roberto Barroso, ministro do Tribunal Superior Eleitoral, entre 25 de maio de 2020 e 28 de fevereiro de 2022. Em artigo acadêmico, ele explica que as eleições de 2018 representaram período de aprendizado e frisou que a nem legislação, nem a Justiça Eleitoral, estavam preparadas para lidar com a mudança de paradigma da campanha – da televisão e rádio para as redes sociais.[378]

O ministro explica que, para as eleições de 2020, foi preciso que o Tribunal Superior Eleitoral desenvolvesse programa de combate a desinformação pautado em três frentes: (i) combater informações falsas inundando o mercado com informações verdadeiras; (ii) colocar o foco prioritário no controle do comportamento inautêntico, e não no conteúdo do discurso; e (iii) oferecer educação midiática, buscando conscientizar a sociedade sobre o problema.[379]

Por sua vez, Diogo Rais defende quatro formas de combater a desinformação.[380] A primeira é prezar pela privacidade de dados, diminuindo, assim, o impacto da desinformação por meio do controle do microdirecionamento,[381] e evitando as bolhas de ecos[382] e o reforço do viés de confirmação.

---

[376] BRESCIANINI, 2020.
[377] TEIXEIRA, 2021.
[378] BARROSO, 2022.
[379] Tradução livre de: "to combat false information by flooding the market with true information; to put priority focus on the control of inauthentic behavior, and not on the content of the speech; and to deliver media education, seeking to make society aware of the problem."
[380] Fala do Prof. Dr. Diogo Rais na aula 6 ("Reflexões sobre a desinformação – parte 1") do Curso sobre Desinformação oferecido de modo *online* pelo Instituto Liberdade Digital, em 2020.
[381] Entende-se por microdirecionamento o ato de direcionar mensagens com precisão e eficácia a partir dos dados pessoais minerados na internet (ORGANIZAÇÃO DOS ESTADOS AMERICANOS, 2019, p. 5).
[382] Bolhas de eco são silos de informação estreitos nos quais eles só acessam a informação através do prisma de suas próprias ideologias de posições políticas (ORGANIZAÇÃO DOS ESTADOS AMERICANOS. 2019, p. 4).

A segunda consiste no fortalecimento da política de educação digital preventiva por meio de três pilares: a prevenção, a educação digital e a repressão. A prevenção, segundo Rais, tomaria forma pelo municiamento da população com ferramentas de transparência e de informações verídicas sobre as instituições criando uma espécie de imunidade contra a desinformação. A educação digital está além da prevenção, e engloba o trabalho para ensinar a população a lidar com a desinformação. Por fim, a repressão deveria se voltar à produção em massa da desinformação, e não às pessoas que, na condição de vítimas, acabam por tornar-se agentes propagadores.

A terceira forma prevê a investigação digital precisa e rápida para detectar as indústrias de *fake news*. Como explicado, entendemos que uma das alternativas para que isso ocorra é por meio do rastreio financeiro.

Por fim, a quarta forma de combate à desinformação é o investimento em tecnologia para detectar imagens e vídeos falsos, o que vem sendo feito por empresas como o Facebook[383] e pela academia.[384]

Raquel Machado e Jéssica Teles de Almeida entendem que a educação para cidadania política digital é um dos caminhos para o combate à desinformação. As autoras defendem que é papel do Estado e da sociedade educar a população para identificar as notícias falsas e, assim, interromper a cadeia e o fazem com base no artigo 205 da Constituição Federal.[385]

Diante desse cenário podemos utilizar ferramentas práticas, úteis, existente e disponíveis para resolução da desinformação. Uma estratégia possível é verificar a fidedignidade do conteúdo publicado e difundido por meio das agências de checagem, afinal, "em um cenário de desinformação deve ser na informação a busca para encontrar o 'remédio' eficaz para combatê-la".[386]

Assim, a checagem de fatos torna-se relevante, pois, muitas vezes, "aquelas pessoas que de boa-fé acreditaram estar em contato com uma verdadeira notícia, passam – ainda que sem perceber – a colaborar com

---

[383] GONÇALVES, 2021.
[384] HU; LI; LYU, 2021.
[385] MACHADO; ALMEIDA, 2020. "Art. 205. A educação, direito de todos e dever do Estado e da família, será promovida e incentivada com a colaboração da sociedade, visando ao pleno desenvolvimento da pessoa, seu preparo para o exercício da cidadania e sua qualificação para o trabalho" (BRASIL, 1988).
[386] RAIS, 2018b, p. 120.

a disseminação e difusão dessa notícia".[387] Ou seja, a difusão da desinformação, quando feita por pessoas físicas, muitas vezes poderia ser evitada por meio da conferência da informação. E esse é o trabalho das agências de checagem.

As agências de checagem, ou de *fact-checking*, destinam-se a "checar as informações que circulam na rede, fazendo uma espécie de investigação da informação e comprovando sua análise indicando a falsidade ou não daquele conteúdo".[388]

Esse trabalho é reconhecido em âmbito mundial, e desde 2015 contamos com a International Fact-Checking Network, que foi criada, dentro outros propósitos, para reunir checadores de fato em todo o mundo, habilitá-los e realizar a checagem em todo o mundo.[389]

Em âmbito nacional, contamos com diversas agências, como a Agências Lupa,[390] Aos Fatos,[391] Fato ou Fake[392] e Comprova.[393] Cada uma delas adota metodologia diferente e utiliza etiquetas para graduar a veracidade da informação checada. A Agência Lupa, por exemplo, utiliza nove etiquetas diferentes para classificar as frases analisadas: (i) "Falso: A informação está comprovadamente incorreta"; (ii) "Contraditório: A informação contradiz outra difundida pela mesma fonte antes"; (iii) "Verdadeiro: A informação está comprovadamente correta"; (iv) "Ainda é cedo para dizer: A informação pode vir a ser verdadeira. Ainda não é"; (v) "Exagerado: A informação está no caminho correto, mas houve exagero de mais de 10% e de menos de 100% frente ao total real"; (vi) Subestimado: Os dados reais são ainda mais graves dos que o mencionado. A informação foi minimizada de 10% a 100%"; (vii) Insustentável: Não há dados públicos que comprovem a informação"; (viii) "Verdadeiro, mas: A informação está correta, mas o leitor merece um detalhamento" e (ix) "De olho: Etiqueta de monitoramento".[394]

A Fato ou Fake, por outro lado, restringe sua classificação em (i) "Fato – quando o conteúdo checado é totalmente verídico e comprovado por meio de dados, datas, locais, pessoas envolvidas, fontes

---

[387] RAIS, 2018a, p. 68-69.
[388] RAIS, 2018a, p. 70.
[389] NETWORK, 2022.
[390] Disponível em: https://piaui.folha.uol.com.br/lupa/.
[391] Disponível em: https://www.aosfatos.org/.
[392] Disponível em: https://g1.globo.com/fato-ou-fake/.
[393] Disponível em: https://projetocomprova.com.br/.
[394] EQUIPE LUPA, 2015.

oficiais e especialistas"; (ii) "Não é bem assim – quando é parcialmente verdadeiro, exagerado ou incompleto, exigindo um esclarecimento ou uma maior contextualização para ser totalmente compreendido"; e (iii) "Fake – quando não se baseia em fatos comprovados por meio de dados, datas, locais, pessoas envolvidas, fontes oficiais e especialistas".[395]

Interessante perceber que, quanto maior o detalhamento das etiquetas, mais precisa é a informação passada, o que facilita a compreensão e a formação da convicção de quem a recebe.

Nesse sentido, a agência Aos Fatos produziu um manual com seis diretrizes básicas para auxiliar a checagem de fatos e detectar notícias falsas, cujas ideias centrais são: (i) busque fontes confiáveis, (ii) questione, (iii) certifique-se de que no texto há referências, (iv) olho na linguagem, (v) veja se o texto está assinado e se é possível contatar o veículo e (vi) redes sociais são um começo, mas não a melhor fonte.[396]

Iniciativas como essas auxiliam a população a identificar a desinformação e, assim, a não as compartilhar, interrompendo sua disseminação.

Apesar de uma mentira dita cem vezes não se tornar verdade, torna-se familiar aos ouvidos e aumenta as chances de acreditarmos nela, daí a importância de interromper o ciclo.[397] Além disso, sem amplificação, a desinformação não vai a lugar nenhum,[398] e por isso é necessário levar em conta que o combate a desinformação deve ser feito de modo a evitar sua repetição.

Além da checagem, é essencial que as redes sociais se engajem em combater a desinformação, pois os "atuais sistemas de mídia social fornecem um terreno fértil para a disseminação de desinformação que é particularmente perigosa para o debate político em uma sociedade democrática".[399] Isso porque as redes sociais oferecem espaço livre e de destaque para qualquer pessoa capaz de atrair seguidores. Por outro lado, a "construção de uma real democracia requer a presença conjunta de livre disponibilização e circulação da informação e livre acesso às

---

[395] FATO... 2021.
[396] SPAGNUOLO, 2016.
[397] LAZER *et al.*, 2017.
[398] Tradução livre de "without amplification, dis-information goes nowhere" (WARDLE; DERAKHSHAN, 2017, p. 13).
[399] Tradução livre de: "Current social media systems provide a fertile ground for the spread of misinformation that is particularly dangerous for political debate in a democratic society" (LAZER *et al.*, 2017).

fontes de informação",[400] de modo que as redes sociais, ao passo que facilitam o discurso de mais interlocutores, representam um reforço à democracia.

Os provedores de aplicação de internet, pois, possuem papel relevante na remoção de conteúdos da internet que violem as regras eleitorais ou ofendam direitos das pessoas que participam do processo eleitoral. A remoção de conteúdo pode se dar, inclusive, espontaneamente, por iniciativa do próprio provedor, quando identificada alguma violação aos termos de uso e/ou às políticas da plataforma. Afora essas hipóteses, a obrigação deve ser imposta ao provedor mediante ordem judicial, como forma de assegurar a liberdade de expressão e impedir a censura.[401]

Annie C. Hundley, ao analisar as *fake news* sob a ótica da primeira emenda à constituição estadunidense,[402] afirma que há consenso na ideia de que nada deve ser feito diretamente contra a disseminação da desinformação, e que esta é naturalmente contraposta com informações verdadeiras.[403]

No entanto, ainda que a informação e a conscientização possam ser o caminho mais adequado, não podemos esquecer que existe uma parcela do eleitorado que não está disposta a encarar a verdade e reconhecer como falsa a informação recebida, assim como da população a identificá-la como tal e, então, contê-la.[404]

Vimos que o WhatsApp figura hoje como uma das principais fontes de informação durante a campanha eleitoral e é, também, onde grande parte da desinformação circula livremente. A ausência de mecanismos de controle aumenta essa difusão e incentiva as falsas crenças, colocando em xeque a autenticidade eleitoral e a efetiva liberdade de voto.

Não se ignora que conversas privadas e de cunho pessoal não podem sofrer interferência estatal;[405] contudo, o fato de o aplicativo destinar-se à troca de mensagens privadas não restringe o serviço a essa natureza. Sabe-se que é possível a formação de grupos heterogêneos e sem qualquer vínculo aparente entre quem os integra, a não ser

---

[400] RAIS, 2018a, p. 117.
[401] RAIS, 2018a, p. 100.
[402] A respeito da primeira emenda, verificar: https://www.law.cornell.edu/wex/first_amendment.
[403] HUNDLEY, 2017.
[404] LAZER *et al.*, 2017.
[405] RAIS, 2018a, p. 62.

o interesse o objeto de foco – muitas vezes apoio a determinada candidatura.

Esses grupos de formação díspar, cujo ingresso se dá por meio de links de acesso, sem que haja ligação interpessoal não devem receber o mesmo tratamento que aqueles cuja criação decorre da relação direta e privada de seus membros. Pelo contrário, devem ser considerados ambiente público e, assim, receber o mesmo tratamento destinado às redes sociais em geral.

Ou seja, a desinformação deve, sim, ser combatida nesses meios, principalmente quando veicularem agressões ou ataques infundados às candidaturas e às instituições ou quando atribuírem falsamente a autoria do conteúdo.

Nesses casos, a Justiça Eleitoral deveria aplicar a legislação de forma horizontal, sem criar empecilhos que restrinjam essa limitação. Atualmente o parágrafo 2º do artigo 33 da Resolução TSE nº 23.610/2019 impede que qualquer ação judicial atinja grupos de mensageria privada, independentemente da quantidade de membros, do vínculo (in)existente e da forma de ingresso. A Lei nº 9.504/1997, contudo, não impõe tal restrição.

Não podemos ignorar a dificuldade prática da intervenção. Isso porque o WhatsApp, assim como outros aplicativos de mensageria, como o Telegram e o Signal,[406] utiliza criptografia para impedir que terceiros acessem as mensagens trocadas.

No entanto, apesar de não ser possível acesso ao conteúdo da mensagem, é viável a interrupção da sua transmissão por meio do código *hash*, como já foi determinado nas eleições de 2018.[407]

O código *hash* consiste em uma função criptográfica representada por "um algoritmo utilizado para garantir a integridade de um documento eletrônico",[408] ou seja, funciona como um autenticador de que certo arquivo – ou mensagem – é exatamente aquela que se busca.[409] Dessa forma, identificado o código *hash* da mensagem que contém a desinformação, a Justiça Eleitoral determine ao WhatsApp a interrupção do compartilhamento.[410]

---

[406] LUTFI, 2019.
[407] SANTA CATARINA, 2018.
[408] PRÓ-REITORIA DE PESQUISA, PÓS-GRADUAÇÃO E INOVAÇÃO, [201-?].
[409] PISA, 2012.
[410] CASELLI, 2019.

Isso quer não dizer que a empresa irá monitorar o conteúdo das mensagens enviadas, mas que, quando identificar aquele código de criptografia, impedirá que ele seja entregue ao destinatário. Essa medida pode surtir resultados úteis, pois interrompe a cadeia desinformativa.

Não se ignora que o código *hash* funciona como um identificador individual do conteúdo; portanto, caso a mensagem seja modificada de qualquer forma ou se inicie uma nova cadeia de transmissão,[411] o código é alterado e não poderá ser bloqueado. Contudo, no contexto em que as mensagens são encaminhadas com frequência,[412] a interrupção do compartilhamento apresenta-se como potencial de controle da disseminação da desinformação. Contudo, destaca-se que, com a frequente evolução dos meios tecnológicos, essa é uma medida paliativa e atual, que pode, muito rapidamente, tornar-se obsoleta.

Assim, para que seja possível efetivar a proposta, é necessário esforço conjunto, principalmente, da empresa, da Justiça Eleitoral e da advocacia, de forma que todas as partes envolvidas se comuniquem adequadamente e compreendam o que se deseja e determina.

Por outro lado, não há necessidade de alteração legislativa. Isso porque a ação poderia ser concretizada por meio da representação prevista no artigo 96 da Lei da Eleições, sob os fundamentos materiais descritos no tópico 4.1. Para tanto as pessoas legitimadas (candidatos, candidatas, partidos, coligações, federações e Ministério Público) deverão instruir a petição inicial com o código *hash* validado pela empresa, além da prova da desinformação e dos demais requisitos legais.

A Justiça Eleitoral, por seu turno, deve ser capaz de compreender o pedido, a terminologia tecnológica, e fornecer de modo eficaz e diligente a resposta necessária para interromper a disseminação.

Por fim, no polo passivo da representação, deve constar o provedor de aplicação de internet,[413] no caso em hipótese o WhatsApp, a quem será determinado o bloqueio do conteúdo. Sua responsabilização

---

[411] Tomemos como exemplo um vídeo transmitido. Caso a mídia seja salva no celular do usuário e este envie o arquivo a partir da memória do seu dispositivo, ainda que o conteúdo seja o mesmo, o código sofrerá alteração.
[412] Vide Figura 7.
[413] A Lei nº 12.965/2014, conhecida como Marco Civil da Internet, conceitua provedor de aplicação de internet como a pessoa jurídica que exerça de forma organizada, profissionalmente e com fins econômicos, o conjunto de funcionalidades que podem ser acessadas por meio de um terminal conectado à internet (art. 5º, VII e art. 15) (BRASIL, 2014).

somente ocorrerá em caso de descumprimento da ordem judicial,[414] não lhe sendo atribuída a responsabilidade pelo conteúdo até então disseminado.

Nesses casos é essencial que o provedor de aplicação de internet seja sediado no Brasil, senão, a ordem judicial não é exequível. Daí a preocupação da Justiça Eleitoral em banir o Telegram durante as eleições.

Importante destacar que aqui não se propõe o sancionamento de quem divulgou a mensagem, apenas o bloqueio necessário para interromper a difusão da desinformação. Isso porque se concorda com Diogo Rais, para quem o "direito não deveria punir a mentira por si, mas sim a mentira acompanhada do dano efetivo ou potencial, individual, difuso ou coletivo, mas diante do dano". Outro elemento que reputa como necessário é o dolo de enganar, ainda que indireto, eventual, pois se "o direito não se preocupar com o dolo há grande chance de punir a vítima".[415]

Assim, apesar de não haver uma resposta milagrosa e definitiva, precisamos refletir em conjunto, como sociedade, sobre a melhor forma de combater esse mal e evitar que seja capaz de afetar as eleições e a democracia.

---

[414] "Art. 19. Com o intuito de assegurar a liberdade de expressão e impedir a censura, o provedor de aplicações de internet somente poderá ser responsabilizado civilmente por danos decorrentes de conteúdo gerado por terceiros se, após ordem judicial específica, não tomar as providências para, no âmbito e nos limites técnicos do seu serviço e dentro do prazo assinalado, tornar indisponível o conteúdo apontado como infringente, ressalvadas as disposições legais em contrário" (BRASIL, 2014).

[415] Fala do Prof. Dr. Diogo Rais na aula 6 ("Reflexões sobre a desinformação – parte 1") do Curso sobre Desinformação oferecido de modo *online* pelo Instituto Liberdade Digital, em 2020.

CAPÍTULO 5

CONCLUSÃO

Há muito tempo a sociedade convive com a desinformação, ainda que sem essa denominação. *Fake news*, desinformação, notícias falsas, mentiras, fatos alternativos, discurso de ódio, informação enviesada, conteúdo adulterado, câmaras de eco, bolhas de filtro, na verdade, muitas são as feições dos distúrbios informacionais com que nos deparamos atualmente.

Com o advento e a popularização da internet, cada vez mais a desinformação ganha espaço, volume e holofote. A visibilidade, contudo, aumenta a conscientização sobre o tema e fomenta o seu combate. Isso porque a desinformação presta um desserviço à população, que pensa estar bem informada, mas, na verdade, acredita em discursos falaciosos.

No contexto democrático, a desinformação mostra-se ainda mais prejudicial. Verificou-se que a liberdade de voto, o direito à informação e a liberdade de informação são instrumentos fundamentais da democracia, e que a divulgação irrefreada da desinformação coloca em xeque o seu exercício, pois macula a formação da vontade do eleitorado e deslegitima a delegação do poder.

A Constituição garante à cidadania brasileira o direito ao sufrágio universal e o seu livre exercício por meio do voto. A liberdade de voto é garantia constitucional que integra os direitos políticos ativos e representa apenas uma das facetas do sufrágio: a ativa, ou seja, o direito de votar.

Em que pese o voto não ser elemento único para a concepção da democracia, a efetiva liberdade de voto é peça fundamental sem a qual a democracia não sobrevive. Juntamente com a existência de partidos políticos, a realização de eleições periódicas é o cerne democrático.

No contexto brasileiro, a obrigatoriedade do voto, imposta pelo artigo 14 da Constituição Federal, não afeta a sua liberdade. Isso porque a obrigatoriedade imposta é a de que o eleitorado vá até as seções eleitorais – ou justifique sua ausência – e registre seu voto, ou seja, o eleitorado continua com a liberdade para escolher como votará, para escolher a partir das suas concepções a opção que lhe parece mais correta. A formação dessa convicção, contudo, tende a ser influenciada por quem já se encontra no poder tornando a disputa eleitoral desigual.

Por outro lado, a liberdade de voto exige que o eleitorado seja bem-informado. O direito à informação está diretamente relacionado à liberdade de informação e de expressão e representa um direito humano e fundamental.

Essa informação deve ser clara, acessível, factual e verídica. A ausência de informações confiáveis afeta a qualidade da escolha e, consequentemente, da democracia, pois modifica os termos do debate por meio da manipulação. Esta é ainda mais evidenciada diante da polarização vivenciada, a qual leva para cada vez mais longe o senso de coletividade responsável por manter íntegro o projeto comum de governo democrático.

Como direito fundamental, o direito à informação apresenta titularidades distintas, a depender das pretensões que dele emanam: a individual e a transindividual. Assim, é uma via de mão dupla: ao mesmo tempo que se posiciona como garantia do eleitorado de saber sobre as candidaturas postas, é direito destas se apresentarem.

Na seara eleitoral, a cidadania deve poder conhecer suas opções de voto. Nesse sentido, a Justiça Eleitoral disponibiliza os dados referentes às candidaturas – tanto de registro, quanto de prestação de contas – no site Divulga Cand Contas. Assim, sem a necessidade de identificação por meio de cadastro específico, o eleitorado pode consultar, em um só lugar, os dados de todas as candidaturas registradas.

Com tais informações, o eleitorado pode sopesar, por exemplo, se confiará seu voto em candidato ou candidata que responde a ações criminais ou por improbidade administrativa, ou ainda que recebe recursos financeiros de certas fontes. O direito à informação, pois, contribui para o voto livre, uma vez que municia a população com dados para a formação de sua convicção.

Mas não apenas. O direito à informação convive com os direitos da personalidade, especificamente o direito à privacidade e à intimidade, garantidos no artigo 5º, inciso X, da Constituição Federal. Estes, contudo, são flexibilizados quando tratamos de pessoas públicas, agentes políticos, candidatos e candidatas.

De outro norte, a liberdade de expressão, compreendida como a livre manifestação do pensamento, é assegurada no artigo 5º, inciso IV, da Constituição. A sua garantia é essencial para a existência do espaço público de debate em que circulam livremente ideias, pensamentos, críticas, essenciais para a livre formação do voto.

A liberdade, contudo, não é absoluta, devendo sofrer restrições em caso de abusos. Diferentemente da teoria do mercado de ideias, defendida nos Estados Unidos, segundo a qual todas as ideias e manifestações devem ser autorizadas no discurso livre e público, até mesmo notícias falsas, no Brasil, as liberdades e as garantias são sopesadas, atentando-se, porém, ao mínimo necessário.

Nesse sentido, a propaganda política, entendida como a propaganda relacionada ao exercício do poder político, deve sofrer a menor interferência possível do Estado. Amplamente regulamentada, ela se divide em (i) propaganda partidária, (ii) propaganda intrapartidária, (iii) propaganda eleitoral e (iv) publicidade institucional. Cada uma delas tem características e finalidades específicas, mas nenhuma pode extrapolar a barreira da veracidade e difundir desinformação.

A desinformação, por sua vez, apesar de fenômeno antigo, afeta em muito a qualidade do discurso político e, com isso, a democracia. Desde as eleições presidências estadunidenses de 2016, o termo *fake news* ganhou notoriedade no âmbito mundial e vem recebendo maior atenção.

Dentre os estudos sobre o tema, o que mais se destaca é o de Clair Wardle que divide a noção de *fake news* em "dis-information" [desinformação], "mis-information" [informação errada] e "mal-information" [informação maliciosa]. A desinformação, compreendida como a informação falsa deliberadamente criada para prejudicar alguém é dividida em (i) sátira ou paródia, (ii) conteúdo enganoso, (iii) conteúdo impostor, (iv) conteúdo fabricado, (v) conexão falsa, (vi) contexto falso, (vii) conteúdo manipulado.[416] Ou seja, a desinformação possui inúmeras nuances e devemos levar em conta o dolo de quem a criou para classificar o conteúdo.

Independentemente da feição que adote, a desinformação é um fenômeno antigo. Sua disseminação, no entanto, foi alterada drasticamente com a popularização da internet. As redes sociais mudaram o

---
[416] WARDLE, 2017.

modo como a desinformação se propagava e alterou por completo a lógica das mídias tradicionais. Esses espaços possibilitam que qualquer pessoa publique todo tipo de conteúdo, sem significativa restrição de terceiros, verificação de fatos ou julgamento editorial.

Assim, as redes sociais assumiram importante papel na proliferação da desinformação. Elas possibilitam o direcionamento de certos conteúdos especificamente a pessoas que são mais suscetíveis ao consumo.

No contexto brasileiro, as eleições de 2018 não saíram ilesas. Foram inúmeros os casos de desinformação. A Justiça Eleitoral não foi capaz, ainda, de fixar um entendimento uniforme. Na ausência de uma definição legal, os tribunais compreendem o fenômeno sem coerência, nem previsibilidade, colocando em xeque a segurança jurídica.

Porém, diante da ameaça que a desinformação apresenta a democracia e a sua popularização, principalmente na internet, mostra-se necessária a adoção de medidas de conscientização – por meio da educação digital –; de prevenção – por meio da identificação das fontes criadoras e o seu desmantelamento –; de combate à atividade inautêntica nas redes sociais – por meio da remoção de conteúdo via judicial e pelo cumprimento das políticas de uso das redes sociais –; assim como da interrupção – por via da jurisdição – da transmissão de mensagens pelos aplicativos de mensageria. Dessa forma, a desinformação, como um fenômeno com potencialidade de colocar em risco a genuinidade da democracia e a autenticidade eleitoral, deve ser levada a sério, combatida e reprimida.

SOBRE A AUTORA

Luiza Cesar Portella é catarinense, manezinha de Florianópolis, advogada graduada pela Universidade Federal de Santa Catarina, com especialização em Direito Processual Civil, e mestra em Direito Público, com foco de pesquisa em Direito Constitucional e Eleitoral pela Universidade Federal do Paraná.

Desde os primeiros contatos com o Direito Eleitoral, percebeu sua grandiosidade, e não conseguiu deixar de estudar o tema. Devido à sua prática na advocacia eleitoral, a autora teve inspiração para encontrar respostas sobre mecanismos jurídicos e sociais para lidar com a disseminação de desinformação, em especial na internet, em que a sua divulgação é mais comum.

REFERÊNCIAS

ABREU, Lenine Póvoas de. Os limites da liberdade de expressão Em matéria eleitoral. *In:* FUX, Luiz; PEREIRA, Luiz Fernando Casagrande; AGRA, Walber de Moura (coord.). *Tratado de Direito Eleitoral.* Belo Horizonte: Editora Fórum, 2018. p. 15-29. v. 4: Propaganda Eleitoral.

AGRELA, Lucas. WhatsApp limita envio de mensagens a um contato por vez. *Exame*, 07 abr. 2020. Disponível em: https://exame.com/tecnologia/whatsapp-limita-envio-de-mensagens-a-um-contato-por-vez/. Acesso em: 9 jan. 2022.

ALLCOTT, Hunt; GENTZKOW, Matthew. Social media and fake news in the 2016 election. *Journal of Economic Perspectives*, v. 31, n. 2, p. 211-36, 2017. Disponível em: https://www.nber.org/papers/w23089. Acesso em: 5 nov. 2021.

ALMEIDA, Roberto Moreira de. *Curso de Direito Eleitoral.* 6. ed. rev. ampl. atual. Salvador: Editora JusPodivm, 2012.

ALVES, Paulo. WhatsApp limita encaminhamento de mensagens para combater *fake news*. *TechTudo Notícias*, 07 ago. 2018. Disponível em: https://www.techtudo.com.br/noticias/2018/08/whatsapp-limita-encaminhamento-de-mensagens-para-combater-fake-news.ghtml. Acesso em: 9 jan. 2022.

ARCHEGAS, João Victor. [Entrevista concedida a] Dimítria Coutinho. Telegram pode ser banido do Brasil? Tire todas as suas dúvidas. *iG Mail*, 2 fev. 2022. Disponível em: https://tecnologia.ig.com.br/2022-02-02/telegram-pode-ser-banido-brasil-entenda.html. Acesso em: 3 fev. 2022.

ASSEMBLEIA GERAL DAS NAÇÕES UNIDAS (AGNU). Resolução 217 A (III). *In:* AGNU. *Declaração Universal dos Direitos Humanos,* Paris, 1948. Disponível em: https://www.oas.org/dil/port/1948%20Declara%C3%A7%C3%A3o%20Universal%20dos%20Direitos%20Humanos.pdf. Acesso em: 15 jan. 2022.

BÄCHTOLD, Felipe; CARAZZAI, Estelita Hass. Onda Bolsonaro cria palanques duplos para o presidenciável nos estados: candidatos de RS, SC e AM são exemplos da corrida de apoios ao capitão reformado, que lidera as pesquisas. *Folha de S. Paulo*, São Paulo, 26 out. 2018. Disponível em: https://www1.folha.uol.com.br/poder/2018/10/onda-bolsonaro-cria-palanques-duplos-para-o-presidenciavel-nos-estados.shtml?origin=folha. Acesso em: 9 set. 2020.

BAKIR, Vian; MCSTAY, Andrew. Fake news and the economy of emotions. *Digital Journalism*, v. 6, n. 2, p. 154-175, 20 jul. 2017. http://dx.doi.org/10.1080/21670811.2017.1345645. Disponível em: https://www.tandfonline.com/doi/full/10.1080/21670811.2017.1345645. Acesso em: 22 abr. 2020.

BAPTISTA, Rodrigo. Redes sociais influenciam voto de 45% da população, indica pesquisa do DataSenado. *Agência Senado*, 12 dez. 2019. Disponível em: https://www12.senado.leg.br/noticias/materias/2019/12/12/redes-sociais-influenciam-voto-de-45-da-populacao-indica-pesquisa-do-datasenado. Acesso em: 21 dez. 2021.

BARCELOS, Guilherme. O Direito Eleitoral em tempos De *Fake News*: O que é isto, um fato sabidamente inverídico?. *In:* FUX, Luiz; PEREIRA, Luiz Fernando Casagrande; AGRA, Walber de Moura (coord.). *Tratado de Direito Eleitoral*. Belo Horizonte: Editora Fórum, 2018. p. 403-417. v. 4: Propaganda Eleitoral.

BARROSO, Luís Roberto. Hate, lies, and democracy. *In:* I·CONNECT. *Blog Of The International Journal Of Constitutional Law*. [S. l.]: 22 jan. 2022. Disponível em: http://www.iconnectblog.com/2022/01/hate-lies-and-democracy/. Acesso em: 24 jan. 2022.

BARROSO, Luís Roberto. *Ofício GAB-SPR nº 5605/2021*. Supremo Tribunal Federal: Brasília, 16 dez. 2021. Disponível em: https://www.tse.jus.br/imprensa/noticias-tse/arquivos/oficio-tse-ao-telegram-para-cooperacao-no-combate-a-desinformacao-em-17-12-2021/at_download/file. Acesso em 17 jan. 2022.

BENKLER, Yochai; FARIS, Robert; ROBERTS, Hal. *Network Propaganda*: Manipulation, Disinformation and Radicalization in American Politics. Nova York: Oxford University Press, 2018.

BOLSONARO contradiz fatos e diz que nunca se referiu à covid-19 como 'gripezinha'. *Exame*, 12 mar. 2021. Disponível em: https://exame.com/brasil/bolsonaro-contradiz-fatos-e-diz-que-nunca-se-referiu-a-covid-19-como-gripezinha/. Acesso em 20 jan. 2022.

BRAGA, Sérgio Soares; ROCHA, Leonardo Caetano; VIEIRA, Fabricia Almeida. "Americanização" da representação política virtual? Um estudo comparado das estratégias de comunicação digital por parlamentares de diferentes sistemas políticos. *Revista Iberoamericana de Estudos Legislativos*, v. 5, p. 38-61, 2021. Disponível em: https://www.e-publicacoes.uerj.br/index.php/riel/article/view/40336. Acesso em 9 jan. 2022.

BRAGA, Sérgio; CARLOMAGNO, Márcio. Eleições como de costume? Uma análise longitudinal das mudanças provocadas nas campanhas eleitorais brasileiras pelas tecnologias digitais (1998-2016). *Revista Brasileira de Ciência Política*, Brasília, n. 26, p. 7-62, ago. 2018. DOI: 10.1590/0103-335220182601. Disponível em: https://www.scielo.br/j/rbcpol/a/HShqCWG3ghZ7SrdPwPGMprq/?format=pdf&lang=pt. Acesso em: 7 jan. 2022.

BRANCO, Paulo Gustavo Gonet. Liberdades. *In:* MENDES, Gilmar Ferreira; COELHO, Inocêncio Mártires; BRANCO, Paulo Gustavo Gonet. *Curso de Direito Constitucional*. 4. ed. ver. atual. São Paulo: Editora Saraiva, 2009.

BRASIL. [Constituição (1988)]. *Constituição da República Federativa do Brasil de 1988*. Brasília, DF: Presidência da República, [1988]. Disponível em: http://www.planalto.gov.br. Acesso em: 11 dez. 2020.

BRASIL. Decreto nº 592, de 6 de julho de 1992. Atos Internacionais. Pacto Internacional sobre Direitos Civis e Políticos. Promulgação. *Diário Oficial da União*: Brasília, DF, 1992a. Disponível em: http://www.planalto.gov.br/ccivil_03/decreto/1990-1994/d0592.htm. Acesso em: 7 jan. 2022.

REFERÊNCIAS

BRASIL. Decreto nº 678, de 6 de novembro de. Promulga a Convenção Americana sobre Direitos Humanos (Pacto de São José da Costa Rica), de 22 de novembro de 1969. *Diário Oficial da União*: Brasília, DF, 1992b. Disponível em: http://www.planalto.gov.br/ccivil_03/decreto/d0678.htm. Acesso em: 7 jan. 2022.

BRASIL. Emenda Constitucional nº 97, de 4 de outubro de 2017. Altera a Constituição Federal para vedar as coligações partidárias nas eleições proporcionais, estabelecer normas sobre acesso dos partidos políticos aos recursos do fundo partidário e ao tempo de propaganda gratuito no rádio e na televisão e dispor sobre regras de transição. *Diário Oficial da União*: Brasília, DF, 2017a. Disponível em: http://www.planalto.gov.br/ccivil_03/constituicao/Emendas/Emc/emc97.htm. Acesso em: 15 dez. 2020.

BRASIL. Lei Complementar nº 64, de 18 de maio de 1990. Estabelece, de acordo com o art. 14, §9º da Constituição Federal, casos de inelegibilidade, prazos de cessação, e determina outras providências. *Diário Oficial da União*: Brasília, DF, 1990. Disponível em: http://www.planalto.gov.br/ccivil_03/leis/l9096.htm. Acesso em: 7 jan. 2022.

BRASIL. Lei nº 12.965/2014, de 23 de abril de 2014. Estabelece princípios, garantias, direitos e deveres para o uso da Internet no Brasil. *Diário Oficial da União*: Brasília, DF, 2014. http://www.planalto.gov.br/ccivil_03/_ato2011-2014/2014/lei/l12965.htm. Acesso em: 07 jan. 2022.

BRASIL. Lei nº 4.737, de 15 de julho de 1965. Institui o Código Eleitoral. *Diário Oficial da União*: Brasília, DF, 1965. Disponível em: http://www.planalto.gov.br/ccivil_03/leis/l4737compilado.htm. Acesso em: 7 ago. 2021.

BRASIL. Lei nº 9.096, de 19 de setembro de 1995. Dispõe sobre partidos políticos, regulamenta os arts. 17 e 14, §3º, inciso V, da Constituição Federal. *Diário Oficial da União*: Brasília, DF, 1995a Disponível em: http://www.planalto.gov.br/ccivil_03/leis/l9096.htm. Acesso em: 7 jan. 2022.

BRASIL. Lei nº 9.504, de 30 de setembro de 1997. Estabelece normas para as eleições. *Diário Oficial da União*: Brasília, DF, 1997. Disponível em: http://www.planalto.gov.br/ccivil_03/leis/l9504.htm. Acesso em: 7 jan. 2022.

BRASIL. Lei nº 14.291, de 3 de janeiro de 2022. Altera a Lei nº 9.096, de 19 de setembro de 1995 (Lei dos Partidos Políticos), para dispor sobre a propaganda partidária gratuita no rádio e na televisão. *Diário Oficial da União*: Brasília, DF, 1995b. Disponível em: http://www.planalto.gov.br/ccivil_03/_Ato2019-2022/2022/Lei/L14291.htm#art1. Acesso em: 7 jan. 2022.

BRASIL. Senado Federal. *Comissão Parlamentar Mista de Inquérito – fake news*, [2019a]. Disponível em: https://legis.senado.leg.br/comissoes/comissao?0&codcol=2292. Acesso em: 11 ago. 2020.

BRASIL. Supremo Tribunal Federal. Ação Direta de Inconstitucionalidade 5.420. Relator Min. Dias Tofoli. *Dje*: Brasília, DF, 09 out. 2020a. Disponível em: https://jurisprudencia.stf.jus.br/pages/search?base=acordaos&sinonimo=true&plural=true&page=1&pageSize=10&queryString=adi%205420&sort=_score&sortBy=desc. Acesso em: 11 dez. 2020.

BRASIL. Supremo Tribunal Federal. *Fake news* e ataques ao STF: oito ministros votam pela legalidade da abertura do inquérito. *Notícias STF*, Brasília, 17 jun. 2020b. Disponível em: https://portal.stf.jus.br/noticias/verNoticiaDetalhe.asp?idConteudo=445764&ori=1. Acesso em: 13 ago. 2020.

BRASIL. Tribunal Superior Eleitoral. Acórdão 972-29.2016.6.13.0263. Relator: Min. Luís Roberto Barroso, 27 de abril de 2020. *Dje*: Brasília, DF, 2020c Disponível em: https://inter03.tse.jus.br/sjur-pesquisa/pesquisa/actionBRSSearchServers.do?tribunal=TSE&livre=fake news. Acesso em: 11 dez. 2021.

BRASIL. Tribunal Superior Eleitoral. Conselho Consultivo sobre Internet e Eleições se reúne no TSE (atualizada). *Comunicação TSE*, 11 dez. 2017b. Disponível em: https://www.tse.jus.br/imprensa/noticias-tse/2017/Dezembro/conselho-consultivo-sobre-internet-e-eleicoes-se-reune-no-tse?SearchableText=fake%20news. Acesso em: 11 dez. 2021.

BRASIL. Tribunal Superior Eleitoral. Contra *fake news*, Instagram e Facebook colocam avisos em postagens sobre Eleições 2022. *Comunicação TSE*, 10 dez. 2021a Disponível em: https://www.tse.jus.br/imprensa/noticias-tse/2021/Dezembro/contra-fake-news-instagram-e-facebook-colocam-avisos-em-postagens-sobre-eleicoes-2022. Acesso em: 7 jan. 2022.

BRASIL. Tribunal Superior Eleitoral. Decisão Monocrática 0600546-70.2018.6.00.0000. Relator: Min. Sérgio Silveira Banhos. Brasília, 7 de junho de 2018. *Dje*: Brasília, DF, 02 ago. 2018a Disponível em: https://www.tse.jus.br/jurisprudencia/decisoes/monocraticas-do-tse/@@monocraticas-search?url=&q=0600546-70.2018.6.00.0000&as_epq=&as_oq=&as_eq=&numero_decisao=&relator=&relator_signatario=&data_inicial=&data_final=&tipo_doc=dtdec. Acesso em: 11 dez. 2021.

BRASIL. Tribunal Superior Eleitoral. Deputado Francischini é cassado por propagar desinformação contra a urna eletrônica. *Comunicação TSE*, 28 out. 2021b Disponível em: https://www.tse.jus.br/imprensa/noticias-tse/2021/Outubro/plenario-cassa-deputado-francischini-por-propagar-desinformacao-contra-o-sistema-eletronico-de-votacao. Acesso em: 1 dez. 2022.

BRASIL. Tribunal Superior Eleitoral. *Estatísticas eleitorais*, [2020d]. Disponível em: https://www.tse.jus.br/eleicoes/estatisticas/eleicoes-anteriores/estatisticas-eleitorais-anos-anteriores. Acesso em: 11 dez. 2020.

BRASIL. Tribunal Superior Eleitoral. *Pardal*, [2018b]. Disponível em: https://www.tse.jus.br/eleicoes/eleicoes-2018/aplicativos-da-justica-eleitoral/pardal. Acesso em: 16 dez. 2021.

BRASIL. Tribunal Superior Eleitoral. *Pesquisa Simultânea de Jurisprudência dos Tribunais Eleitorais v1.1.2.21*, [2021c]. Disponível em: https://www.tse.jus.br/jurisprudencia/decisoes/jurisprudencia. Acesso em: 16 jan. 2022.

BRASIL. Tribunal Superior Eleitoral. Resolução 23.590, de 28 de agosto de 2018. Dispõe sobre o plano de mídia do horário eleitoral gratuito relativo ao cargo de Presidente da República nas eleições de 2018. *Legislação TSE*: Brasília, DF, 2018a. Disponível em: https://www.tse.jus.br/legislacao/compilada/res/2018/resolucao-no-23-590-de-28-de-agosto-de-2018. Acesso em: 9 jan. 2022.

REFERÊNCIAS

BRASIL. Tribunal Superior Eleitoral. Resolução nº 23.610, de 18 de dezembro de 2019. Dispõe sobre propaganda eleitoral, utilização e geração do horário gratuito e condutas ilícitas em campanha eleitoral. *Legislação TSE*: Brasília, DF, 2019b. Disponível em: https://www.tse.jus.br/legislacao/compilada/res/2019/resolucao-no-23-610-de-18-de-dezembro-de-2019. Acesso em: 9 jan. 2022.

BRASIL. Tribunal Superior Eleitoral (Tribunal Pleno). Agravo Regimental no Agravo em Recurso Especial Eleitoral 0600062-25.2020.6.16.0199. Relator: Min. Sergio Silveira Banhos, 12 de agosto de 2021. *Dje*: Brasília, DF, 23 ago. 2021a.

BRASIL. Tribunal Superior Eleitoral (Tribunal Pleno). Recurso Especial Eleitoral 529-56. Relator: Min. Admar Gonzaga, 05 de dezembro de 2017. *Dje*: Brasília, DF, 20 mar. 2018b.

BRASIL. Tribunal Superior Eleitoral (Tribunal Pleno). Recurso Ordinário Eleitoral 0603975-98.2018.6.16.0000. Relator: Min. Luis Felipe Salomão, 28 de outubro de 2021. *Dje*: Brasília, DF, 10 dez. 2021b.

BRASIL. Tribunal Superior Eleitoral. TSE realiza Seminário Internet e Eleições nesta quinta-feira (7). *Comunicação TSE*, 6 dez. 2017c. Disponível em: https://www.tse.jus.br/imprensa/noticias-tse/2017/Dezembro/eleicoes-2018-seminario-vai-discutir-fake-news-e-uso-de-robos-1?SearchableText=fake%20news. Acesso em: 11 dez. 2021.

BRASIL. Tribunal Superior Eleitoral. TSE recebe menção honrosa no 16º Prêmio Innovare por ação de combate à desinformação. *Comunicação TSE*, 3 dez. 2019c. Disponível em: https://www.tse.jus.br/imprensa/noticias-tse/2019/Dezembro/tse-recebe-mencao-honrosa-no-16o-premio-innovare-por-acao-de-combate-a-desinformacao. Acesso em: 11 dez. 2021.

BRESCIANINI, Carlos Penna. CPI das Fake News ouvirá ex-funcionário de empresa de marketing digital suspeita. *Senado Notícias*, 6 fev. 2020. Disponível em: https://www12.senado.leg.br/noticias/materias/2020/02/06/cpmi-das-fake-news-ouvira-ex-funcionario-de-empresa-de-marketing-digital-suspeita. Acesso em: 9 jan. 2022.

BULL, Anna Kellen; ALVES, Paulo. WhatsApp limita o encaminhamento de mensagens para cinco contatos. *TechTudo*, 21 jan. 2019. Disponível em: https://www.techtudo.com.br/noticias/2019/01/whatsapp-limita-o-encaminhamento-de-mensagens-para-cinco-contatos.ghtml. Acesso em: 9 jan. 2022.

CARAM, Bernardo; URIBE, Gustavo. Disseminadores de *fake news* têm defeito de caráter, diz Temer: impacto da disseminação de notícias falsas nas eleições foi debatido em seminário em Brasília. *Folha de S. Paulo*, 20 jun. 2018. Disponível em: https://www1.folha.uol.com.br/poder/2018/06/disseminadores-de-fake-news-tem-defeito-de-carater-diz-temer.shtml. Acesso em: 19 jan. 2022.

CARAZZAI, Estelita Hass. Em SC, 'governador do Bolsonaro' atribui virada ao sobrenatural. *Folha de S. Paulo*, 8 out. 2018. Disponível em: https://www1.folha.uol.com.br/poder/2018/10/em-sc-governador-do-bolsonaro-atribui-virada-ao-sobrenatural.shtml. Acesso em: 15 dez. 2020.

CARAZZAI, Estelita Hass. Estreante na política, Comandante Moisés é eleito governador em SC. *Folha de S. Paulo*, 28 out. 2018. Disponível em: https://www1.folha.uol.com.br/poder/2018/10/comandante-moises-e-eleito-governador-em-sc-projeta-datafolha.shtml. Acesso em: 15 dez. 2020.

CARVALHO, Kildare Gonçalves. *Direito Constitucional*. 18. ed., rev. atual e ampl. Belo Horizonte: Del Rey, 2012.

CASELLI, Guilherme. Metadados em WhatsApp: uma nova perspectiva de coleta de evidências. *Revista Juristas*, 27 mar. 2019. Disponível em: https://juristas.com.br/2019/03/27/metadados-em-whatsapp-uma-nova-perspectiva-de-coleta-de-evidencias/. Acesso em: 11 jan. 2022.

CENTRE FOR LAW AND DEMOCRACY. *UN Special Rapporteur for Freedom of Expression*: submission on an annual thematic report on disinformation. [*S. l.*]: Centre For Law And Democracy, 2021. Disponível em: https://www.ohchr.org/Documents/Issues/Expression/disinformation/2-Civil-society-organisations/UN-SR-on-FOE-CLD-Submission-Disinformation-Mar21-final.pdf. Acesso em: 11 jan. 2022.

COBUILD, Collins. Propaganda. *In: Collins English Dictionary*. New York: Harpercollins Publishers, 2017. Disponível em: https://www.collinsdictionary.com/dictionary/english/propaganda. Acesso em: 11 set. 2021.

COLLINS ENGLISH DICTIONARY. *Advertisement*. New York: Harpercollins Publishers, 2017a. Disponível em: https://www.collinsdictionary.com/dictionary/english/advertisement. Acesso em: 9 dez. 2021.

COLLINS ENGLISH DICTIONARY. *Collins 2017 Word of the Year Shortlist*. New York: Harpercollins Publishers, 2017b. Disponível em: https://blog.collinsdictionary.com/language-lovers/collins-2017-word-of-the-year-shortlist/. Acesso em: 9 dez. 2021.

COLLINS ENGLISH DICTIONARY. *Fake news*. New York: Harpercollins Publishers, [2017c]. Disponível em: https://www.collinsdictionary.com/dictionary/english/fake-news. Acesso em: 9 dez. 2021.

COLLINS ENGLISH DICTIONARY. *Propaganda*. New York: Harpercollins Publishers, 2017d. Disponível em: https://www.collinsdictionary.com/dictionary/english/propaganda. Acesso em: 9 dez. 2021.

CONEGLIAN, Olivar. *Propaganda eleitoral*: eleições. 13. ed. rev e atual. Curitiba: Jaruá, 2016.

CORRÊA, João Messias. *Laudo técnico*: comprovação de localização fazenda Mãe Rainha localidade Coxilha Rica Lages. Lages: [*s. n.*], 2018.

COUTINHO, Dimítria. Telegram pode ser banido do Brasil? Tire todas as suas dúvidas. *iG Mail*, 2 fev. 2022. Disponível em: https://tecnologia.ig.com.br/2022-02-02/telegram-pode-ser-banido-brasil-entenda.html. Acesso em: 3 fev. 2022.

CROUCH, Colin. *Post-democracy*. Cambridge: Polity Press, 2004.

DALTON, Russell. Political Equality as the Foundation of Democracy. *In:* Russell Dalton, *The Participation Gap*: Social Status and Political Inequality. Oxford: Oxford University Press, 2017.

DAWOOD, Yasmin. Electoral Fairness and the law of democracy: a structural rights approach to judicial review. *University of Toronto Law Journal*, v. 62, p. 499-561, 2012.

DIRETORIA DE ANÁLISE DE POLÍTICAS PÚBLICAS. *Desinformação na era digital*: amplificações e panorama das eleições 2018. Rio de Janeiro: FGV, 2018. Disponível em: http://hdl.handle.net/10438/25742. Acesso em: 1 ago. 2020.

DOURADO, Tatiana Maria Silva Galvão. Fake news *na eleição presidencial de 2018 no Brasil*. 2020. 324 f. Tese (Doutorado) –Pós-Graduação em Comunicação e Cultura Contemporâneas, Universidade Federal da Bahia, Salvador, 2020. Disponível em: http://repositorio.ufba.br/ri/handle/ri/31967. Acesso em: 10 jun. 2020.

É #FAKE que Trump fez post no Twitter em favor de Jair Bolsonaro. *G1*, 7 out. 2018. Disponível em: https://g1.globo.com/fato-ou-fake/noticia/2018/10/07/e-fake-que-trump-fez-post-no-twitter-em-favor-de-jair-bolsonaro.ghtml. Acesso em: 15 dez. 2021.

EQUIPE LUPA. Entenda as etiquetas da Lupa. *Folha de S. Paulo*, 15 out. 2015. Disponível em: https://piaui.folha.uol.com.br/lupa/2015/10/15/entenda-nossos-pinguins/. Acesso em: 9 jan. 2022.

FARKAS, Johan; SCHOU, Jannick. *Post-Truth, Fake News and Democracy*. Nova York: Routledge, 2020.

FATO ou Fake chega a 500 checagens publicadas em 2021. *G1*, 31 dez. 2021. Disponível em: https://g1.globo.com/fato-ou-fake/noticia/2021/12/31/fato-ou-fake-chega-a-500-checagens-publicadas-em-2021-veja-as-mais-lidas.ghtml. Acesso em: 9 jan. 2022.

FÁVERO, Bruno; RIBEIRO, Amanda; MENEZES, Luiz Fernando; PACHECO, Priscila. Bolsonaro nega orientações da ciência e distorce informações para minimizar pandemia. *Aos Fatos*, 2020. Disponível em: https://www.aosfatos.org/noticias/bolsonaro-nega-orientacoes-da-ciencia-e-distorce-informacoes-para-minimizar-pandemia/. Acesso em 20 jan. 2022.

FAYT, Carlos S. *Derecho Político*. 10. ed. Buenos Aires: Ediciones Depalma, 1998. t. II.

FILLOUX, Frederic. You can't sell news for what it costs to make. *Medium*, 2017. Disponível em: https://medium.com/the-walkley-magazine/you-cant-sell-news-for-what-it-costs-to-make-7a4def964ffa. Acesso em: 11 set. 2021.

FUX, Luiz. Fórum Amarelas ao Vivo. [Entrevista concedida a] Policarpo Junior. *Veja*, 24 abr. 2018. Semanal. Disponível em: https://www.youtube.com/watch?v=4if4amCM2Js. Acesso em: 3 fev. 2020.

GALF, Renata. Avaliação do TSE sobre Telegram na eleição gera pressões e preocupação. *Folha de S. Paulo*, 20 jan. 2022. Disponível em: https://www1.folha.uol.com.br/poder/2022/01/avaliacao-do-tse-sobre-telegram-na-eleicao-gera-pressoes-e-preocupacao.shtml. Acesso em: 21 jan. 2022.

GARCIA ALVAREZ, César. *Byzantion nea hellás*, Santiago, n. 35, p. 377-378, nov. 2016. Disponível em: http://www.scielo.cl/scielo.php?script=sci_arttext&pid=S0718-84712016000100022&lng=es&nrm=iso. Acesso em: 5 jan. 2022. http://dx.doi.org/10.4067/S0718-84712016000100022.

GELFERT, Axel. Fake news: A definition. *Informal Logic: Reason and Rhetoric in the Time of Alternative Facts*, Windsor, v. 38, n. 1, p. 84-117, 15 mar. 2018. Disponível em: https://informallogic.ca/index.php/informal_logic/article/view/5068. Acesso em: 15 dez. 2021.

GLOBESCAN. *Fake internet content a high concern, but appetite for regulation weakens*. North York: BBC World Service, 2017. Disponível em: https://globescan.com/2017/09/21/fake-internet-content-a-high-concern-but-appetite-for-regulation-weakens-global-survey/. Acesso em: 9 dez. 2021.

GOMES, José Jairo. *Direito eleitoral*. 16. ed. rev., atual. e ampl. São Paulo: Atlas, 2020.

GONÇALVES, André Luiz Dias. Facebook investe em ferramenta para identificar deepfakes. *TecMundo*, 17 jun. 2021. Disponível em: https://www.tecmundo.com.br/software/219499-facebook-investe-ferramenta-identificar-deepfakes.htm#:~:text=Em%20parceria%20com%20a%20Universidade,facilitando%20a%20remo%C3%A7%C3%A3o%20destes%20conte%C3%BAdos. Acesso em: 7 jan. 2022.

GRAGNANI, Juliana. Como identificar os diferentes tipos de *fakes* e robôs que atuam nas redes. *BBC News*, 16 dez. 2017. Disponível em: https://www.bbc.com/portuguese/brasil-42172154. Acesso em: 7 jan. 2022.

HACHEM, Daniel Wunder. A dupla titularidade (individual e transindividual) dos direitos fundamentais econômicos, sociais, culturais e ambientais. *Revista de Direitos Fundamentais e Democracia*, Curitiba, v. 14, n. 14, p. 618-688, jul./dez. 2013.

HERNÁNDEZ, Georgina Sosa. Comunicación política. *Instituto de Investigaciones Sociales de la UNAM*, 26 mar. 2021. Disponível em: https://prontuario-democracia.sociales.unam.mx/comunicacion-politica/. Acesso em: 20 jan. 2022.

HIRABAHASI, Gabriel. PF diz que Bolsonaro teve atuação direta em fake news sobre urnas eletrônicas: em live realizada em julho, presidente prometeu tratar de supostas fraudes no sistema eletrônico, mas terminou sem mostrar nenhuma prova concreta. *CNN Brasil*, 16 dez. 2021. Disponível em: https://www.cnnbrasil.com.br/politica/pf-diz-que-bolsonaro-teve-atuacao-direta-em-fake-news-sobre-urnas-eletronicas/. Acesso em: 28 dez. 2021.

HISTÓRIA ONLINE. *Fake news na política*: Entrevista com Fernando Neisser. [*S. l.*]: HISTÓRIA ONLINE, 2020. 1 vídeo (1h 32min 50seg). Disponível em: https://www.youtube.com/watch?v=-aZMJ3k1_4k&t=1540s. Acesso em 15 ago. 2020.

HU, Shu; LI, Yuezun; LYU, Siwei. Exposing GAN-Generated Faces Using Inconsistent Corneal Specular Highlights. *In*: INTERNATIONAL CONFERENCE ON ACOUSTICS, SPEECH AND SIGNAL PROCESSING, 2021, Toronto. *Proceedings* […]. Toronto: Ieee, 2021. p. 2500-2504. Disponível em: https://arxiv.org/abs/2009.11924. Acesso em: 11 jan. 2022.

HUNDLEY, Annie C.. Fake news and the First Amendment: How false political speech kills the marketplace of ideas. *Tulane Law Review*, New Orleans, v. 92, p. 497-518, 2017.

INSTITUTO DE PESQUISA DATASENADO. *Redes Sociais, Notícias Falsas e Privacidade de Dados na Internet*: pesquisa DataSenado. [Brasília]: DataSenado, 2019. Disponível em: https://www12.senado.leg.br/institucional/ouvidoria/publicacoes-ouvidoria/redes-sociais-noticias-falsas-e-privacidade-de-dados-na-internet. Acesso em: 21 dez. 2021.

INTERNATIONAL FACT-CHECKING NETWORK. *What is the International Fact-Checking Network*, 23 Mar. 2022. Disponível em: https://www.poynter.org/ifcn/. Acesso em: 09 jan. 2022.

IRAJÁ, Victor. Bolsonaro se contradiz e assina MP que autoriza compra de seringas. *Veja*, 7 jan, 2021. Disponível em: https://veja.abril.com.br/coluna/radar-economico/bolsonaro-se-contradiz-e-assina-mp-que-autoriza-compra-de-seringas/. Acesso em: 20 jan. 2022

ISSACHAROFF, Samuel. Democracy's Deficits. *Public Law & Legal Theory Research Paper Series*, New York, Sept. 2017.

KEMP, Simon. *Digital 2021*: Brazil. 2021. DataReportal, [2021]. Disponível em: https://datareportal.com/reports/digital-2021-brazil. Acesso em: 15 dez. 2021.

KNOERR, Fernando Gustavo. Mandato, autonomia partidária e representatividade política. *In:* FUX, Luiz; PEREIRA, Luiz Fernando Casagrande; AGRA, Walber de Moura (coord.). *Tratado de Direito Eleitoral*: Direito Constitucional Eleitoral. Belo Horizonte: Editora Fórum, 2018. p. 415-430. v. 1.

KOZIKOSKI, Sandro Marcelo; SAMPAR, Rene. *Fake news*, desinformação, processo eleitoral e tutela provisória. *In:* FUX, Luiz; PEREIRA, Luiz Fernando Casagrande; AGRA, Walber de Moura (coord.). *Tratado de Direito Eleitoral*. Belo Horizonte: Editora Fórum, 2018. p. 357-374. v. 6: Direito Processual Eleitoral.

LABOISSIÈRE, Paula. Polarização na eleição é destaque na imprensa internacional, *Agência Brasil*, 07 out. 2018. Disponível em: https://agenciabrasil.ebc.com.br/politica/noticia/2018-10/polarizacao-na-eleicao-e-destaque-na-imprensa-internacional. Acesso em: 16 ago. 2020.

LAZER, David; BAUM, Matthew; GRINBERG, Nir; FRIEDLAND, Lisa; JOSEPH, Kenneth; HOBBS, Will; MATTSSON, Carolina. *Combating Fake News*: An Agenda for Research and Action. [Relatório decorrente de conferência apresentada em 17 e 18 de fevereiro de 2017]. Cambridge: Harvard University, 2 May 2017. Disponível em: https://shorensteincenter.org/combating-fake-news-agenda-for-research/. Acesso em: 16 jan. 2022.

LINHARES, Carolina. Internação de Bolsonaro vira laboratório eleitoral de embate sobre facada: presidente e apoiadores acusam esquerda e esperam que nova investigação alimente a campanha. *Folha de S. Paulo*, 8 jan. 2022. Disponível em: https://www1.folha.uol.com.br/poder/2022/01/internacao-de-bolsonaro-vira-laboratorio-eleitoral-de-embate-sobre-facada.shtml. Acesso em: 9 jan. 2022.

LUTFI, Fernanda. Melhor que WhatsApp?: veja 4 *apps* para trocar mensagens em segurança. Veja 4 apps para trocar mensagens em segurança. *TechTudo*, 5 set. 2019. Disponível em: https://www.techtudo.com.br/listas/2019/09/melhor-que-whatsapp-veja-4-apps-para-trocar-mensagens-em-seguranca.ghtml. Acesso em: 9 jan. 2022.

MACHADO, Raquel Cavalcanti Ramos; ALMEIDA, Jéssica Teles de. Verdade na política – uma mentira? Reflexões sobre o uso de notícias fraudulentas no processo eleitoral. *Revista Jurídica Luso-Brasileira*, Lisboa, v. 2, n. 6, p. 1125-1146, jan. 2020. Disponível em: https://www.cidp.pt/revistas/rjlb/2020/2/2020_02_1125_1146.pdf. Acesso em: 15 dez. 2021.

MACHADO, Raquel Cavalvanti Ramos. *Direito Eleitoral*. 2. ed. rev., atual. e ampl. São Paulo: Atlas, 2018.

MANZI, Daniela C. Managing the misinformation marketplace: the first amendment and the fight against fake news. *Fordham Law Review*, v. 87, n. 6, p. 2623- 2651, 2019. Disponível em: https://ir.lawnet.fordham.edu/flr/vol87/iss6/12. Acesso em: 15 jan. 2022.

MAQUIAVEL, Nicolau. *O Príncipe*. Tradução: Roberto Grassi. Rio de Janeiro: Civilização Brasileira, 1976.

MARTINS, Angelo Mario Coronel de Azevedo. *Emenda Substitutiva nº 153*. Brasília: Senado Federal, 2020. Disponível em: https://legis.senado.leg.br/sdleg-getter/documento?dm=8 127630&ts=1597243662683&disposition=inline. Acesso em: 11 ago. 2020.

MASTRANGELO, Dominick. Hunter Biden says he was 'hoping' for Trump attack during presidential debate. *The Hill*, 6 Mar. 2021. Disponível em: https://thehill.com/homenews/campaign/556644-hunter-biden-says-he-was-hoping-for-trump-attack-during-presidential-debate. Acesso em: 15 jan. 2022.

MELLO, Patrícia Campos. WhatsApp admite envio maciço ilegal de mensagens nas eleições de 2018: plataforma condena também grupos públicos da plataforma acessados por meio de links. *Folha de S. Paulo*, 8 out. 2019. Disponível em: https://www1.folha.uol.com.br/poder/2019/10/whatsapp-admite-envio-massivo-ilegal-de-mensagens-nas-eleicoes-de-2018.shtml?origin=folha. Acesso em: 9 jan. 2022.

META PARA EMPRESAS. Como funcionam os rótulos de anúncios sobre temas sociais, eleições ou política. *Suporte Meta*, [2021]. Disponível em: https://www.facebook.com/business/help/198009284345835?id=288762101909005. Acesso em: 28 nov. 2021.

MONCRIEFF, A. R. Hope. *Mitologia clássica*: guia ilustrado. Tradução: M. F. Gonçalves de Azevedo. Singapura: Editorial Estampa, 1997.

NORRIS, Pippa. *Digital Divide*: Civic Engagement, Information Poverty, and the Internet Worldwide. Cambridge: Cambridge University Press, 2001.

O'CONNOR, Cailin; WEATHERALL, James Owen. *The Misinformation Age*: How False Beliefs Spread. New Haven: Yale University Press, 2019.

ORGANIZAÇÃO DOS ESTADOS AMERICANOS. *Guide to guarantee freedom of expression regarding deliberate disinformation in electoral contexts*. [S. l.]: Oas Cataloging-In-Publication Data, 2019. Disponível em: https://www.oas.org/en/iachr/expression/publications/Guia_Desinformacion_VF%20ENG.pdf. Acesso em: 16 set. 2020.

PARÁ. Tribunal Regional Eleitoral do Pará. Recurso Eleitoral 0600099-90.2020.6.14.0075. Relator: Juiz Alvaro José Norat de Vasconcelos, 13 de abril de 2021. *Dje*: Brasília, DF, 28 abr. 2021a.

PARÁ. Tribunal Regional Eleitoral do Pará. Recurso Eleitoral 0600291-44.2020.6.14.0068. Relator: Juiz Rafael Fecury Nogueira, 24 de novembro de 2021. *Dje*: Brasília, DF, 7 dez. 2021b.

PARÁ. Tribunal Regional Eleitoral do Pará. Recurso Eleitoral 0600172-68.2020.6.14.0073. Relator: Juiz Alvaro José Norat de Vasconcelos, 22 de abril 2021. *Dje*: Brasília, DF, 6 maio 2021c.

PARENTE, Wagner. [Entrevista concedida a] Ronaldo Martins. *TV Senado*, 16 out. 2018. Disponível em: https://www12.senado.leg.br/tv/programas/eleicoes-2018/2018/10/a-polarizacao-da-sociedade-e-a-marca-das-eleicoes-de-2018. Acesso em: 03 ago. 2020.

PASSOS, Paulo; HOUS, Débora Sögur. Internet supera TV em influência na eleição. *Folha de S. Paulo*, 7 out. 2018. Disponível em: https://www1.folha.uol.com.br/poder/2018/10/internet-supera-tv-em-influencia-na-eleicao.shtml. Acesso em: 09 jan. 2022.

PENNYCOOK, Gordon; RAND, David G.. Who Falls for Fake News?: the roles of analytic thinking, motivated reasoning, political ideology, and bullshit receptivity. *Ssrn Electronic Journal*, Mar. 2019. DOI http://dx.doi.org/10.2139/ssrn.3023545. Acesso em: 15 ago. 2020.

PESQUISA Ibope em Santa Catarina: Mauro Mariani, 21%; Gelson Merísio, 18%; Décio Lima, 17%. *G1SC*, Florianópolis, 21 set. 2018. Disponível em: https://g1.globo.com/sc/santa-catarina/eleicoes/2018/noticia/2018/09/21/pesquisa-ibope-em-santa-catarina-mauro-mariani-21-gelson-merisio-18-decio-lima-17.ghtml. Acesso em: 15 dez. 2020.

PINTO, Djalma. *Direito eleitoral:* Improbidade administrativa e responsabilidade fiscal – noções gerais. 5. ed. São Paulo: Atlas, 2010.

PISA, Pedro. O que é *hash*? *TechTudo*, 10 jul. 2012. Disponível em: https://www.techtudo.com.br/noticias/2012/07/o-que-e-hash.ghtml. Acesso em: 10 jan. 2022.

PORTELLA, Luiza Cesar. Pré-campanha. *In:* SOUZA, Cláudio André de; ALVIM, Frederico Franco; BARREIROS NETO, Jaime; DANTAS, Humberto. (Coord.). *Dicionário das Eleições.* 1 ed. Curitiba: Juruá, 2020.

PRÓ-REITORIA DE PESQUISA, PÓS-GRADUAÇÃO E INOVAÇÃO. *Procedimentos para obter o código* hash. Farroupilha: Instituto Federal, [201-?]. Disponível em: file:///C:/Users/LCP/Downloads/ANEXO%20A%20-%20C%C3%B3digo%20Hash.pdf. Acesso em: 11 jan. 2022.

PSL elege três governadores, dois com "virada" no 2º turno. *UOL*, 28 out. 2018. Disponível em: https://noticias.uol.com.br/politica/eleicoes/2018/noticias/2018/10/28/psl-elege-tres-governadores-dois-com-virada-no-2-turno.htm. Acesso em: 11 set. 2020.

4 *FAKE news completamente absurdas das eleições de 2018*: mamadeira erótica, 'Jesus é Travesti' e mais. *Rolling Stone*, 17 nov. 2020. Disponível em: https://rollingstone.uol.com.br/noticia/4-fake-news-completamente-absurdas-das-eleicoes-de-2018-mamadeira-erotica-jesus-e-travesti-e-mais/. Acesso em: 15 dez. 2021.

QUEIROGA, Louise. É #FAKE que PT distribuiu mamadeiras eróticas para crianças em creches pelo país, *G1*, 28 out. 2021. Disponível em: https://g1.globo.com/fato-ou-fake/noticia/2021/10/28/e-fake-que-pt-distribuiu-mamadeiras-eroticas-para-criancas-em-creches-pelo-pais.ghtml. Acesso em: 15 dez. 2021.

QUINALHA, Mateus Cavalheiro. *A utilização indevida de mídias sociais nas competições eleitorais*. 2021. 28 f. Trabalho de Conclusão de Curso (Graduação em Direito) – Setor de Ciências Jurídicas, Universidade Federal do Paraná, Curitiba, 2021. Disponível em: https://www.acervodigital.ufpr.br/handle/1884/72442. Acesso em: 9 jan. 2021.

RAIS, Diogo (coord.). *Direito Eleitoral Digital*. São Paulo: Thomson Reuters Brasil, 2018a.

RAIS, Diogo. *Fake news* e eleições. *In:* RAIS, Diogo (org.). *Fake news*: a conexão entre a desinformação e o Direito. São Paulo: Thomson Reuters Brasil, 2018b. p. 105-129.

RAIS, Diogo. No combate às *fake news*, não é saudável dar ao Estado o domínio do conteúdo. *Folha de S. Paulo*, 25 jun. 2018c. Disponível em: https://www1.folha.uol.com.br/poder/2018/06/no-combate-as-fake-news-nao-e-saudavel-dar-

ao-estado-o-dominio-do-conteudo.shtml. Acesso em: 7 dez. 2021.

RAIS, Diogo; SALES, Stela Rocha. *Fake news, deepfakes* e eleições. *In:* RAIS, Diogo (coord.). *Fake news*: a conexão entre a desinformação e o Direito. 2. ed. rev. atual. e ampl. São Paulo: Editora Revista dos Tribunais, 2020. p. 25-52.

RAMALHO, Renan. O que esperar de Alexandre de Moraes no comando do TSE nas eleições de 2022. *Gazeta do Povo*, 5 jan. 2022. Disponível em: https://www.gazetadopovo.com.br/republica/alexandre-de-moraes-presidencia-tse-eleicoes-de-2022-o-que-esperar/. Acesso em: 9 jan. 2022.

REVISTA descobre um "hamburguer mágico". *Estadão*, São Paulo, 26 jun. 1983. Disponível em: https://acervo.estadao.com.br/pagina/#!/19830626-33222-nac-0020-999-20-not. Acesso em: 15 jan. 2022.

RIBEIRO, Fávila. *Direito Eleitoral*. Rio de Janeiro: Forense, 2000.

ROZNAI, Yaniv; BRANDES, Tamar Hostovsky. Democratic Erosion, Populist Constitutionalism, and the Unconstitutional Constitutional Amendments Doctrine. *The Law & Ethics Of Human Rights*, v. 14, n. 1, p. 19-48, 26 May 2020. DOI http://dx.doi.org/10.1515/lehr-2020-2011. Disponível em: https://www.degruyter.com/view/journals/lehr/14/1/article-p19.xml?language=en. Acesso em: 10 dez. 2020.

RUEDIGER, Marco Aurelio; GRASSI, Amaro (org.). *Redes sociais nas eleições 2018*: sala de democracia digital. Rio de Janeiro: FGV DAPP, 2018. Disponível em: https://bibliotecadigital.fgv.br/dspace/handle/10438/25737. Acesso em: 9 jan. 2022.

SALGADO, Eneida Desiree. *Princípios constitucionais eleitorais*. Belo Horizonte: Editora Fórum, 2010.

SALGADO, Eneida Desiree. Princípios constitucionais estruturantes do Direito Eleitoral. 2010. Tese (Doutorado em Direito) – Programa de Pós-Graduação em Direito, Universidade Federal do Paraná, Curitiba, 2010. Disponível em: https://acervodigital.ufpr.br/bitstream/handle/1884/22321/Tese_Eneida_Desiree_Salgado.pdf?sequence=1. Acesso em: 15 jan. 2022.

SALGADO, Eneida Desiree; BERTOTTI, Bárbara Mendonça. A multifuncionalidade dos direitos fundamentais políticos no ordenamento jurídico brasileiro. *Revista do Direito*, n. 56, p. 81-105, 3 set. 2018.

SALGADO, Eneida Desiree; PORTELLA, Luiza Cesar. FAKE NEWS: compartilhou, viralizou. *In:* ALMEIDA, André Motta de et al (org.). *Democracia conectada e governança eleitoral*. Campina Grande: Eduepb, 2020. p. 287-296. Disponível em: http://eduepb.uepb.edu.br/download/democracia-conectada/?wpdmdl=1021&masterkey=5eb4231044a6d. Acesso em: 1 ago. 2020.

SANTA CATARINA. Tribunal Regional Eleitoral. *Campanha Se é Fake Não é News*, [2021]. Disponível em: https://apps.tre-sc.jus.br/site/imprensa/campanhas/campanha-se-e-fake-nao-e-news/index.html. Acesso em: 21 dez. 2021.

SANTA CATARINA. Tribunal Regional Eleitoral de Santa Catarina. *Representação 0602093-79.2018.6.24.0000*. Relator: Juiz Auxiliar Antonio Fernando Schenkel do Amaral e Silva, 31 de outubro de 2018.

SANTANA, Jair Eduardo; GUIMARÃES, Fábio Luís. *Direito Eleitoral*: para compreender a dinâmica do poder político. 4. ed. Belo Horizonte: Fórum, 2012

SANTOS, Karina et al. WhatsApp, política mobile e WhatsApp, política mobile e desinformação: a hidra nas eleições presidenciais de 2018. *Comunicação & Sociedade*, São Bernardo do Campo, v. 41, n. 2, p. 307-334, ago. 2019. Disponível em: https://www.metodista.br/revistas/revistas-metodista/index.php/CSO/article/view/9410. Acesso em: 9 jan. 2022.

SARLET, Ingo Wolfgang. Liberdade de expressão. *In:* SARLET, Ingo Wolfgang; MARINONI, Luiz Guilherme; MITIDIERO, Daniel. *Curso de Direito Constitucional*. São Paulo: Editora Revista dos Tribunais, 2012.

SARLET, Ingo Wolfgang; MOLINARO, Carlos Alberto. Direito à informação e direito de acesso à informação como direitos fundamentais na Constituição brasileira. *Revista da AGU*, Brasília, ano XIII, n. 42, p. 09-38, out./dez. 2014. Disponível em: https://repositorio.pucrs.br/dspace/bitstream/10923/11403/2/Direito_a_768_Informac_807_a_771_o_e_Direito_de_Acesso_a_768_Informac_807_a_771_o_como_Direitos_Fundamentais_na.pdf. Acesso em 15 jan. 2022.

SAVRANSKY, Rebecca. Trump berates CNN reporter: 'you are fake news'. *The Hill*, 11 jan. 2017. Disponível em: https://thehill.com/homenews/administration/313777-trump-berates-cnn-reporter-for-fake-news. Acesso em: 09 dez. 2021.

SCHULTZ, Adriane *et al*. É #fake vídeo em que eleitor seleciona a tecla "1" e aparece automaticamente o candidato fernando haddad na urna. *G1*, 2018. Disponível em: https://g1.globo.com/fato-ou-fake/noticia/2018/10/07/e-fake-video-em-que-eleitor-seleciona-a-tecla-1-e-aparece-automaticamente-o-candidato-fernando-haddad-na-urna.ghtml. Acesso em: 15 dez. 2021.

SILVA, Henrique Neves da. Propaganda eleitoral na imprensa escrita e a liberdade editorial de apoio político. *In:* FUX, Luiz; PEREIRA, Luiz Fernando Casagrande; AGRA, Walber de Moura (coord.). *Tratado de Direito Eleitoral*. Belo Horizonte: Editora Fórum, 2018. p. 197-215. v. 4: Propaganda Eleitoral.

SILVA, José Afonso da. *Curso de Direito Constitucional Positivo*. 25. ed., rev. atual e ampl. São Paulo: Malheiros, 2005.

SIQUEIRA, André. Em entrevista, Bolsonaro reafirma que não aceitará derrota nas urnas. *Veja*, 28 set. 2018. Disponível em: https://veja.abril.com.br/politica/em-entrevista-bolsonaro-reafirma-que-nao-aceitara-derrota-nas-urnas/. Acesso em: 15 jan. 2022.

SOBREIRA NETO, Armando Antonio. *Direito Eleitoral*. Curitiba: Jaruá, 2004.

SPAGNUOLO, Sérgio. Como fazer sua própria checagem de fatos e detectar notícias falsas. *Aos Fatos*, 24 nov. 2016. Disponível em: https://www.aosfatos.org/noticias/como-fazer-sua-propria-checagem-de-fatos-e-detectar-noticias-falsas/. Acesso em: 9 jan. 2022.

STILL, Carly. The Curious Tale of the "Vegetable Lamb". *The Met*, 7 nov. 2014. Disponível em: https://www.metmuseum.org/blogs/in-season/2014/curious-tale-of-vegetable-lamb. Acesso em: 15 jan. 2022.

STROPPA, Tatiana. Primeiro de abril, a descoberta do "boimate" e o combate às *fake news*. *Carta Capital*, 31 mar. 2018. Disponível em: https://www.cartacapital.com.br/blogs/intervozes/primeiro-de-abril-a-descoberta-do-201cboimate201d-e-o-combate-as-fake-news/. Acesso em: 15 jan. 2022.

TANDOC, Edson C.; LIM, Zheng Wei; LING, Richard. Defining "fake news": a typology of scholarly definitions. *Digital Journalism*, v. 2, n. 6, p. 137-153, ago. 2017. Disponível em: https://edisciplinas.usp.br/pluginfile.php/4948550/mod_resource/content/1/Fake%20News%20Digital%20Journalism%20-%20Tandoc.pdf. Acesso em: 07 abr. 2021.

TEIXEIRA, Matheus. Moraes diz que responsáveis por disparar *fake news* em 2022 serão cassados e presos. *Folha de S. Paulo*, 28 out. 2021. Disponível em: https://www1.folha.uol.com.br/poder/2021/10/moraes-diz-que-responsaveis-por-disparar-fake-news-em-2022-serao-cassados-e-presos.shtml?origin=folha. Acesso em: 09 jan. 2022.

TEIXEIRA, Matheus. TSE proíbe redes sociais de repassarem dinheiro a páginas bolsonaristas investigadas por fake news. *Folha de S. Paulo*, 16 ago. 2021. Disponível em: https://www1.folha.uol.com.br/poder/2021/08/tse-proibe-redes-sociais-de-repassarem-dinheiro-a-paginas-bolsonaristas-investigadas-por-fake-news.shtml?origin=folha. Acesso em: 22 ago. 2021.

TEIXEIRA, Matheus; COLON, Leandro. País iniciou transição para o voto facultativo, que é o ideal, diz Barroso, presidente do TSE: à folha ministro refuta suspeitas de bolsonaristas, apoiados pelo presidente, sobre a confiabilidade das urnas eletrônicas. *Folha de S. Paulo*, 6 dez. 2020. Disponível em: https://www1.folha.uol.com.br/poder/2020/12/pais-iniciou-transicao-para-o-voto-facultativo-que-e-o-ideal-diz-barroso-presidente-do-tse.shtml?origin=folha. Acesso em: 14 dez. 2020.

THORSON, Emily. Identifying and Correcting Policy Misperceptions. *American Press Institute*, 23 Apr. 2015. Disponível em: https://www.americanpressinstitute.org/wp-content/uploads/2015/04/Project-2-Thorson-2015-Identifying-Political-Misperceptions-UPDATED-4-24.pdf. Acesso em: 22 jan. 2022.

TUTERS, Marc. Fake News. *Krisis*: Journal for Contemporaray Philosophy, Amsterdam, v. 2, Special Issue: Marx form the Margins: A Collective Project, from A to Z, p. 59-61, 2018. Disponível em: https://dare.uva.nl/search?identifier=407ec75e-a5b2-431c-9240-f01b0dbfef9c. Acesso em: 8 abr. 2020.

DOIS estudos inéditos sobre papel do WhatsApp nas eleições 2018 apresentados na Facom. *UFBA em Pauta*, 27 nov. 2018. Disponível em: https://ufba.br/ufba_em_pauta/dois-estudos-in%C3%A9ditos-sobre-papel-do-whatsapp-nas-elei%C3%A7%C3%B5es-2018-apresentados-na-facom. Acesso em: 9 jan. 2022.

VALENTE, Jonas. Fake news sobre candidatos inundam redes sociais em período eleitoral. *Agência Brasil*. 2018. Disponível em: https://agenciabrasil.ebc.com.br/geral/noticia/2018-10/um-dia-da-eleicao-fake-news-sobre-candidatos-inundam-redes-sociais. Acesso em: 15 jan. 2022.

VIEIRA, Alessandro. *Projeto de Lei nº 2.630, de 2020*. Brasília: Senado Federal, 2020. Disponível em: https://legis.senado.leg.br/sdleg-getter/documento?dm=8110634&ts=1597243649732&disposition=inline. Acesso em: 11 ago. 2020.

WARDLE, Claire. Fake news. It's complicated. *First Draft*, v. 1, n. 1, 16 fev. 2017. Disponível em: https://firstdraftnews.org/articles/fake-news-complicated/. Acesso em: 7 set. 2020.

WARDLE, Claire; DERAKHSHAN, Hossein. *Information Disorder*: Toward an Interdisciplinary Framework for Research and Policymaking. Strasbourg: European Council, 2017.

WHATSAPP. *Como criar um grupo e convidar participantes*, [2022a]. Disponível em: https://faq.whatsapp.com/android/chats/how-to-create-and-invite-into-a-group/?lang=pt_br. Acesso em: 9 jan. 2022.

WHATSAPP. *Sobre limites de encaminhamento*, [2022b]. Disponível em: https://faq.whatsapp.com/general/chats/about-forwarding-limits/?lang=pt_br. Acesso em: 9 jan. 2022.

WHATSAPP. *Visão geral da criptografia do WhatsApp*: documento técnico, 22 out. 2020. Disponível em: https://www.fortes.adv.br/wp-content/uploads/2022/04/Visao-Geral-da-Criptografia-so-WhatsApp.pdf. Acesso em: 9 jan. 2022.

ZARZALEJOS, José Antonio. Comunicação, Jornalismo e 'fact-checking'. *Revista Uno*, São Paulo, n. 27, mar. 2017. Disponível em: http://www.revista-uno.com.br/wp-content/uploads/2017/03/UNO_27_BR_baja.pdf. Acesso em 26 jan. 2022.

ZILIO, Rodrigo López. *Direito Eleitoral*. 5. ed. Porto Alegre: Verbo Jurídico, 2016.

ZUCKERMAN, Ethan. Fake news is a red herring. *Deustche Welle*, 2017. Disponível em: https://www.dw.com/en/fake-news-is-a-red-herring/a-37269377. Acesso em: 28 nov. 2021.

ZUCKERMAN, Ethan. *In:* Ethan Zuckerman. *Stop saying "fake news"*. It's not helping. Hampshire County, 30 Jan. 2017. Disponível em: https://ethanzuckerman.com/2017/01/30/stop-saying-fake-news-its-not-helping/. Acesso em: 28 nov. 2021.

APÊNDICES

APÊNDICE 1 - ACÓRDÃOS DA JUSTIÇA ELEITORAL EM QUE NÃO SE DISCUTIU A EXISTÊNCIA DE DESINFORMAÇÃO

(continua)

Tribunal	Natureza da ação	Número dos autos
Tribunal Superior Eleitoral	Ação de investigação judicial eleitoral	0601782-57.2018.6.00.0000
Tribunal Superior Eleitoral	Ação de investigação judicial eleitoral	0601779-05.2018.6.00.0000
Tribunal Superior Eleitoral	Representação	0601697-71.2018.6.00.0000
Tribunal Superior Eleitoral	Embargos de declaração em Recurso especial eleitoral em Ação de investigação judicial eleitoral	0000972-29.2016.6.13.0263
Tribunal Superior Eleitoral	Recurso em Representação	0601765-21.2018.6.00.0000
Tribunal Superior Eleitoral	Consulta	0601018-71.2018.6.00.0000
Tribunal Regional Eleitoral de Alagoas	Recurso Eleitoral	0600372-06.2020.6.02.0010
Tribunal Regional Eleitoral de Alagoas	Recurso Eleitoral	0600244-60.2020.6.02.0050
Tribunal Regional Eleitoral da Bahia	Recurso Eleitoral	0600284-32.2020.6.05.0188
Tribunal Regional Eleitoral do Ceará	Recurso Eleitoral	0600134-88
Tribunal Regional Eleitoral do Maranhão	Recurso Eleitoral	0600296-54.2020.610.0011
Tribunal Regional Eleitoral de Minas Gerais	Recurso Eleitoral	0600372-81.2020.6.13.0274
Tribunal Regional Eleitoral de Minas Gerais	Recurso Eleitoral	0000012-52.2018.6.13.0312
Tribunal Regional Eleitoral do Pará	Recurso Eleitoral	0600459-14.2020.6.14.0014
Tribunal Regional Eleitoral do Pará	Ação de investigação judicial eleitoral	0602262-45.2018.6.14.0000
Tribunal Regional Eleitoral do Pará	Recurso Eleitoral	0600321-71.2020.6.14.0006

(conclusão)

Tribunal	Natureza da ação	Número dos autos
Tribunal Regional Eleitoral de Pernambuco	Recurso Eleitoral	0600028-76.2020.617.0149
Tribunal Regional Eleitoral do Paraná	Recurso Eleitoral	0600531-92.2020.6.16.0192
Tribunal Regional Eleitoral do Paraná	Recurso Eleitoral	0600497-20.2020.6.16.0192
Tribunal Regional Eleitoral do Paraná	Recurso Eleitoral	0600310-02.2020.6.16.0163
Tribunal Regional Eleitoral do Paraná	Recurso Eleitoral	0600430-71.2020.6.16.0122
Tribunal Regional Eleitoral do Paraná	Recurso Eleitoral	0600441-50.2020.6.16.0171
Tribunal Regional Eleitoral do Paraná	Recurso Eleitoral	0600777-11.2020.6.16.0153
Tribunal Regional Eleitoral do Rio de Janeiro	Recurso Eleitoral	0600641-16.2020.6.19.0093
Tribunal Regional Eleitoral do Rio de Janeiro	Recurso Eleitoral	0600663-74.2020.6.19.0093
Tribunal Regional Eleitoral do Rio de Janeiro	Representação	0607735-71.2018.6.19.0000
Tribunal Regional Eleitoral do Rio de Janeiro	Representação	0607735-71.2018.6.19.0000
Tribunal Regional Eleitoral do Rio Grande do Norte	Recurso Eleitoral	0600208-41.2020.6.20.0042
Tribunal Regional Eleitoral do Rio Grande do Norte	Recurso Eleitoral	600007-76.2020.6.20.0033
Tribunal Regional Eleitoral do Rio Grande do Norte	Recurso Eleitoral	601373-26.2018.6.20.0000
Tribunal Regional Eleitoral de Rondônia	Mandado de segurança	600217-75.2020.6.22.0011
Tribunal Regional Eleitoral do Rio Grande do Sul	Recurso Eleitoral	0600349-28.2020.6.21.0076
Tribunal Regional Eleitoral de São Paulo	Recurso Eleitoral	0600507-02.2020.6.26.0155
Tribunal Regional Eleitoral de São Paulo	Recurso Eleitoral	0601500-93.2020.6.26.0333
Tribunal Regional Eleitoral de São Paulo	Recurso Eleitoral	0600984-63.2020.6.26.0401

APÊNDICE 2 - ACÓRDÃOS DA JUSTIÇA ELEITORAL EM QUE NÃO RECONHECEU A EXISTÊNCIA DE DESINFORMAÇÃO

(continua)

Tribunal	Natureza da ação	Número dos autos
Tribunal Regional Eleitoral de Alagoas	Recurso Eleitoral	0600402-18.2020.6.02.0050
Tribunal Regional Eleitoral do Amapá	Recurso Eleitoral	0600116-60.2020.6.03.0002
Tribunal Regional Eleitoral do Amapá	Agravo Regimental	0601588-73.2018.6.03.0000
Tribunal Regional Eleitoral do Amapá	Agravo Regimental	0601589-58.2018.6.03.0000
Tribunal Regional Eleitoral do Amapá	Agravo Regimental	0601597-35.2018.6.03.0000
Tribunal Regional Eleitoral da Bahia	Recurso Eleitoral	0600411-69.2020.6.05.0058
Tribunal Regional Eleitoral do Ceará	Ação de investigação judicial eleitoral	0601586-22.2018.6.06.0000
Tribunal Regional Eleitoral de Goiás	Ação de investigação judicial eleitoral	0603299-48.2018.6.09.0000
Tribunal Regional Eleitoral de Goiás	Representação	0601391-53.2018.6.09.0000
Tribunal Regional Eleitoral do Maranhão	Representação	0600078-30.2018.610.0000
Tribunal Regional Eleitoral do Maranhão	Representação	0600038-48.2018.610.0000
Tribunal Regional Eleitoral de Minas Gerais	Recurso Eleitoral	0601480-75.2020.6.13.0071
Tribunal Regional Eleitoral de Minas Gerais	Recurso Eleitoral	0600164-93.2020.6.13.0243
Tribunal Regional Eleitoral do Pará	Recurso Eleitoral	0600324-32.2020.6.14.0101
Tribunal Regional Eleitoral do Pará	Recurso Eleitoral	0600276-22.2020.6.14.0021
Tribunal Regional Eleitoral do Pará	Recurso Eleitoral	0600123-21.2020.6.14.0075

(continua)

Tribunal	Natureza da ação	Número dos autos
Tribunal Regional Eleitoral do Alagoas	Recurso Eleitoral	0600402-18.2020.6.02.0050
Tribunal Regional Eleitoral do Amapá	Recurso Eleitoral	0600116-60.2020.6.03.0002
Tribunal Regional Eleitoral do Amapá	Agravo Regimental	0601588-73.2018.6.03.0000
Tribunal Regional Eleitoral do Amapá	Agravo Regimental	0601589-58.2018.6.03.0000
Tribunal Regional Eleitoral do Amapá	Agravo Regimental	0601597-35.2018.6.03.0000
Tribunal Regional Eleitoral do Pará	Recurso Eleitoral	0600046-57.2020.6.14.0060
Tribunal Regional Eleitoral do Pará	Recurso Eleitoral	0600067-85.2020.6.14.0075
Tribunal Regional Eleitoral de Pernambuco	Recurso Eleitoral	0600190-72.2020.6.17.0084
Tribunal Regional Eleitoral de Pernambuco	Recurso Eleitoral	0600960-40.2020.6.17.0015
Tribunal Regional Eleitoral de Pernambuco	Recurso Eleitoral	0600102-57.2020.6.17.0044
Tribunal Regional Eleitoral de Pernambuco	Representação	602891-35.2018.6.17.0000
Tribunal Regional Eleitoral de Pernambuco	Representação	602792-65.2018.6.17.0000
Tribunal Regional Eleitoral de Pernambuco	Representação	0601704-89.2018.6.17.0000
Tribunal Regional Eleitoral de Pernambuco	Representação	0602760-60.2018.6.17.0000
Tribunal Regional Eleitoral de Pernambuco	Representação	0601666-77.2018.6.17.0000
Tribunal Regional Eleitoral do Paraná	Recurso Eleitoral	0600334-33.2020.6.16.0065
Tribunal Regional Eleitoral do Paraná	Recurso Eleitoral	0600285-16.2020.6.16.0057
Tribunal Regional Eleitoral do Paraná	Recurso Eleitoral	0600070-65.2020.6.16.0178
Tribunal Regional Eleitoral do Paraná	Recurso Eleitoral	0600200-97.2020.6.16.0164
Tribunal Regional Eleitoral do Alagoas	Recurso Eleitoral	0600402-18.2020.6.02.0050

APÊNDICE 2 - ACÓRDÃOS DA JUSTIÇA ELEITORAL EM QUE NÃO RECONHECEU A EXISTÊNCIA DE DESINFORMAÇÃO | 141

(continua)

Tribunal	Natureza da ação	Número dos autos
Tribunal Regional Eleitoral do Amapá	Recurso Eleitoral	06001106-60.2020.6.03.0002
Tribunal Regional Eleitoral do Amapá	Agravo Regimental	0601588-73.2018.6.03.0000
Tribunal Regional Eleitoral do Amapá	Agravo Regimental	0601589-58.2018.6.03.0000
Tribunal Regional Eleitoral do Amapá	Agravo Regimental	0601597-35.2018.6.03.0000
Tribunal Regional Eleitoral do Paraná	Recurso Eleitoral	0600130-96.2020.6.16.0094
Tribunal Regional Eleitoral do Paraná	Recurso Eleitoral	0600070-23.2020.6.16.0192
Tribunal Regional Eleitoral do Paraná	Representação	0602010-85.2018.6.16.0000
Tribunal Regional Eleitoral do Paraná	Representação	0602012-55.2018.6.16.0000
Tribunal Regional Eleitoral do Rio de Janeiro	Recurso Eleitoral	0600067-92.2020.6.19.0157
Tribunal Regional Eleitoral do Rio de Janeiro	Recurso Eleitoral	0600462-65.2020.6.19.0131
Tribunal Regional Eleitoral do Rio de Janeiro	Recurso Eleitoral	0000135-51.2018.6.19.0096
Tribunal Regional Eleitoral do Rio de Janeiro	Recurso Eleitoral	0607783-30.2018.6.19.0000
Tribunal Regional Eleitoral do Rio de Janeiro	Embargo de declaração em Recurso Eleitoral	0001705-94.2016.6.19.0176
Tribunal Regional Eleitoral do Rio Grande do Norte	Recurso Eleitoral	0600214-32.2020.6.20.0015
Tribunal Regional Eleitoral do Rio Grande do Norte	Recurso Eleitoral	600582-57.2018.6.20.0000
Tribunal Regional Eleitoral do Rio Grande do Norte	Representação	600356-52.2018.6.20.0000
Tribunal Regional Eleitoral do Rio Grande do Sul	Recurso Eleitoral	600236-49.2020.6.21.0149
Tribunal Regional Eleitoral de Sergipe	Representação	0601362-56.2018.6.25.0000
Tribunal Regional Eleitoral do Alagoas	Recurso Eleitoral	0600402-18.2020.6.02.0050
Tribunal Regional Eleitoral do Amapá	Recurso Eleitoral	06001106-60.2020.6.03.0002

(conclusão)

Tribunal	Natureza da ação	Número dos autos
Tribunal Regional Eleitoral do Amapá	Agravo Regimental	0601588-73.2018.6.03.0000
Tribunal Regional Eleitoral do Amapá	Agravo Regimental	0601589-58.2018.6.03.0000
Tribunal Regional Eleitoral do Amapá	Agravo Regimental	0601597-35.2018.6.03.0000
Tribunal Regional Eleitoral do Tocantins	Recurso Eleitoral	0600362-88.2020.6.27.0034
Tribunal Regional Eleitoral de São Paulo	Recurso Eleitoral	0600414-94.2020.6.26.0169
Tribunal Regional Eleitoral de São Paulo	Recurso Eleitoral	0608929-14.2018.6.26.0000
Tribunal Regional Eleitoral de São Paulo	Recurso Eleitoral	0601660-21.2018.6.26.0000
Tribunal Regional Eleitoral de São Paulo	Recurso Eleitoral	0603788-14.2018.6.26.0000
Tribunal Regional Eleitoral de São Paulo	Representação	0600927-55.2018.6.26.0000
Tribunal Regional Eleitoral de Santa Catarina	Recurso Eleitoral	0600390-89.2020.6.24.0050
Tribunal Regional Eleitoral de Santa Catarina	Recurso Eleitoral	0600363-16.2020.6.24.0050
Tribunal Regional Eleitoral de Santa Catarina	Recurso Eleitoral	0600107-98.2020.6.24.0104
Tribunal Regional Eleitoral de Santa Catarina	Recurso Eleitoral	0600108-83.2020.6.24.0104
Tribunal Regional Eleitoral de Santa Catarina	Recurso Eleitoral	0600331-37.2020.6.24.0039
Tribunal Regional Eleitoral de Santa Catarina	Recurso Eleitoral	0600253-42.2020.6.24.0104
Tribunal Regional Eleitoral do Tocantins	Recurso Eleitoral	0600362-88.2020.6.27.0034

APÊNDICE 3 - ACÓRDÃOS DA JUSTIÇA ELEITORAL EM QUE SE RECONHECEU A EXISTÊNCIA DE DESINFORMAÇÃO

(continua)

Tribunal	Natureza da ação	Número dos autos
Tribunal Superior Eleitoral	Recurso especial eleitoral em Ação de investigação judicial eleitoral	0000972-29.2016.6.13.0263
Tribunal Regional Eleitoral de Alagoas	Representação	0600632-84.2018.6.02.0000
Tribunal Regional Eleitoral de Goiás	Representação	0603147-97.2018.6.09.0000
Tribunal Regional Eleitoral do Maranhão	Recurso Eleitoral	0600052-27.2020.610.0076
Tribunal Regional Eleitoral do Mato Grosso	Recurso Eleitoral	0600125-53.2020.6.11.0049
Tribunal Regional Eleitoral do Mato Grosso	Representação	0601034-19.2018.6.11.0000
Tribunal Regional Eleitoral do Mato Grosso	Representação	0600989-15.2018.6.11.0000
Tribunal Regional Eleitoral do Mato Grosso do Sul	Recurso Eleitoral	0600211-79.2020.6.12.0054
Tribunal Regional Eleitoral de Minas Gerais	Recurso Eleitoral	0600511-73.2020.6.13.0293
Tribunal Regional Eleitoral de Minas Gerais	Recurso Eleitoral	0600642-52.2020.6.13.0130
Tribunal Regional Eleitoral de Minas Gerais	Recurso Eleitoral	0000001-48.2017.6.13.0121
Tribunal Regional Eleitoral do Pará	Recurso Eleitoral	0600291-44.2020.6.14.0068
Tribunal Regional Eleitoral do Pará	Recurso Eleitoral	0600613-48.2020.6.14.0041
Tribunal Regional Eleitoral do Pará	Recurso Eleitoral	0600458-40.2020.6.14.0075
Tribunal Regional Eleitoral do Pará	Recurso Eleitoral	0600172-68.2020.6.14.0073
Tribunal Regional Eleitoral do Pará	Recurso Eleitoral	0600099-90.2020.6.14.0075

(continua)

Tribunal	Natureza da ação	Número dos autos
Tribunal Superior Eleitoral	Recurso especial eleitoral em Ação de investigação judicial eleitoral	0000972-29.2016.6.13.0263
Tribunal Regional Eleitoral da Paraíba	Recurso Eleitoral	0600291-10.2020.615.0038
Tribunal Regional Eleitoral de Pernambuco	Recurso Eleitoral	0600038-11.2020.617.0056
Tribunal Regional Eleitoral de Pernambuco	Recurso Eleitoral	0600026-47.2020.617.0007
Tribunal Regional Eleitoral de Pernambuco	Recurso Eleitoral	0600300-55.2020.617.0057
Tribunal Regional Eleitoral de Pernambuco	Representação	0602900-94.2018.617.0000
Tribunal Regional Eleitoral de Pernambuco	Representação	0602854-08.2018.617.0000
Tribunal Regional Eleitoral de Pernambuco	Representação	0600378-94.2018.6.17.0000
Tribunal Regional Eleitoral de Pernambuco	Representação	0601653-78.2018.617.0000
Tribunal Regional Eleitoral do Paraná	Recurso Eleitoral	0600354-72.2020.6.16.0146
Tribunal Regional Eleitoral do Paraná	Recurso Eleitoral	0600281-03.2020.6.16.0146
Tribunal Regional Eleitoral do Paraná	Recurso Eleitoral	0600148-64.2020.6.16.0144
Tribunal Regional Eleitoral do Paraná	Recurso Eleitoral	0600125-19.2020.6.16.0177
Tribunal Regional Eleitoral do Paraná	Recurso Eleitoral	0600091-61.2020.6.16.0139
Tribunal Regional Eleitoral do Paraná	Recurso Eleitoral	0600219-57.2020.6.16.0147
Tribunal Regional Eleitoral do Paraná	Recurso Eleitoral	0600054-35.2020.6.16.0171
Tribunal Regional Eleitoral do Paraná	Mandado de Segurança	0600386-30.2020.6.16.0000
Tribunal Regional Eleitoral do Paraná	Ação de investigação judicial eleitoral	0603975-98.2018.6.16.0000
Tribunal Regional Eleitoral do Paraná	Representação	0603452-86.2018.6.16.0000

(conclusão)

Tribunal	Natureza da ação	Número dos autos
Tribunal Regional Eleitoral do Paraná	Representação	0600824-27.2018.6.16.0000
Tribunal Regional Eleitoral do Paraná	Representação	0600703-96.2018.6.16.0000
Tribunal Regional Eleitoral do Paraná	Representação	0602084-42.2018.6.16.0000
Tribunal Regional Eleitoral do Rio de Janeiro	Recurso Eleitoral	0600322-06.2020.6.19.0107
Tribunal Regional Eleitoral do Rio de Janeiro	Recurso Eleitoral	0600683-45.2020.6.19.0035
Tribunal Regional Eleitoral do Rio de Janeiro	Recurso Eleitoral	0600165-79.2020.6.19.0221
Tribunal Regional Eleitoral do Rio de Janeiro	Recurso Eleitoral	0600156-34.2020.6.19.0184
Tribunal Regional Eleitoral do Rio de Janeiro	Representação	0607331-20.2018.6.19.0000
Tribunal Regional Eleitoral do Rio de Janeiro	Representação	0607331-20.2018.6.19.0000
Tribunal Regional Eleitoral do Rio Grande do Sul	Recurso Eleitoral	600057-53.2020.621.0008
Tribunal Regional Eleitoral do Tocantins	Recurso Eleitoral	0600180-20.2020.6.27.0029
Tribunal Regional Eleitoral de São Paulo	Recurso Eleitoral	0600240-04.2020.6.26.0002
Tribunal Regional Eleitoral de São Paulo	Representação	0600890-28.2018.6.26.0000
Tribunal Regional Eleitoral de Santa Catarina	Recurso Eleitoral	0600960-25.2020.6.24.0002
Tribunal Regional Eleitoral de Santa Catarina	Recurso Eleitoral	0600515-38.2020.6.24.0024
Tribunal Regional Eleitoral de Santa Catarina	Recurso Eleitoral	0600556-24.2020.6.24.0050
Tribunal Regional Eleitoral de Santa Catarina	Mandado de Segurança	0600530-79.2020.6.24.0000
Tribunal Regional Eleitoral de Santa Catarina	Recurso Eleitoral	0601196-51.2018.624.0000
Tribunal Regional Eleitoral do Paraná	Representação	0600824-27.2018.6.16.0000

Esta obra foi composta em fonte Palatino Linotype, corpo 10
e impressa em papel Pólen Bold 70g (miolo) e Supremo 250g (capa)
pela Gráfica Formato.